1　冊　で　わ　か　る

意識

A Very Short Introduction
CONSCIOUSNESS

スーザン・ブラックモア
Susan Blackmore

訳　信原幸弘・筒井晴香・西堤 優
解説　信原幸弘

岩波書店

Originally published in English in 2005.

This Japanese edition published 2010
by Iwanami Shoten, Publishers, Tokyo
by arrangement with Oxford University Press, Oxford.

目　次

装丁＝後藤葉子

翻訳にあたって

- 本書は、Susan Blackmore, *Consciousness: A Very Short Introduction* (Oxford University Press, 2005) の全訳である。
- 本文中傍点を付した部分は、原文イタリック体である。
- 〔 〕は、訳者による補足である。
- 原著者の指示により記述を修正した部分がある。

1　なぜ意識は謎なのか

ハード・プロブレム

意識とは何か。これは簡単な問いのようにも思われるが、じつはそうではない。意識はわかりきったものであると同時に、じつに研究しにくいものでもある。いささか奇妙なことではあるが、私たちは意識そのものを使って意識を研究しなければならない。あるいは、自分の意識という私たちが研究したいと思っている当のものから、自分を切り離して距離をとらなければならない。だから数千年のあいだ、哲学者や科学者が意識と格闘してきたことも、また長期にわたって、科学者が意識というものをまるごと拒絶し、それを研究することさえ拒否してきたのも当然のことであった。しかし、二十一世紀が始まると同時に、「意識研究」が活況を呈しているというのは朗報である。心理学、生物学、そして脳神経科学は、つぎのような扱いにくい問題に取り組む準備をすでに整えている。意識は何をしているのか。私たちは意識なしに進化することができたのだろうか。意識が幻だということはありうるだろうか。そもそも意識とは何なのか。

意識の謎が消え去ったというわけではない。実際、謎はこれまでと同じくらい深いままである。これまでとの違いは、私たちが真正面からこの問題に立ち向かうことができるくらい、脳についてすでに十分、わかっているという点にある。いったい全体どのようにして、とても小さな無数の神経細胞の電気的発火が、個人的で主観的な私のこの意識経験を生み出すことができるのだろうか。

意識を理解するうえで何らかの成果を出したいなら、この問題と真剣に取り組まなければならない。意識の謎を解決したと主張する人たちがたくさんいる。彼らは「意識の力」にかんする壮大な統一理論や、量子力学的な理論、霊的な理論など、多数の提案を行っているが、彼らの大部分は、物理世界と心的世界のあいだにある大きな深い裂け目、すなわち「底知れない深淵」をあっさりと無視している。この問題を無視するかぎり、じつは意識に取り組んでいるとは言えないのである。

この問題は、哲学者が二千年以上にわたって格闘してきた有名な心身問題の現代版である。人間の日常経験のなかには、二つのまったく異なる種類のものが存在するが、それらがどんなふうに相互作用するのかよくわからない。これがまさに困ったことなのである。

一方には、私たち自身の経験がある。ちょうどいま私は遠くの丘のうえの家や木を眼にしており、幹線道路を走る自動車の音を耳にしている。また、自分の部屋の温もりや安らぎを味わっており、カリカリと引っかくあの音はネコが部屋のなかへ入りたがっている音ではないかと思っている。これらすべてが私自身の個人的な経験であり、他人には伝えることのできない質を備えている。あなたが経験している緑色は私が経験している緑色と同じかどうか、あるいは、コーヒーはあなたにとっても私の場合とまったく同じ香りがするのかどうか思いをめぐらしても、私はけっして答えを見いだすことができない。言いようのない(言葉では言い表せない)これらの質が、哲学者の言う「クオリア」である(ただし、そもそもクオリアが存在するかどうかについて、おおいに議論がなされているけれども)。テカテカと赤く光るマグカップの赤色はクオリアである。私のネコの毛の柔らかな感じもクオリアである。そしてコーヒーのあの香りもクオリアなのである。これらの経験は実在的であり、鮮明で否定できないように思われる。それらの経験が、私の生きている世界を作り上げている。実際、そうしたものこそが、私の持つ経験のすべてなのである。

他方で、向こう側にはこれらの経験を生じさせる物理世界が存在すると私はほんとうに信じている。物理世界が何からできているのかについて、また物理世界のより深い本性について、疑問を持つことはあっても、私は物理世界が存在することを疑問に思ったりはしない。その存在を否定してしまえば、たとえば、ドアのところに行けば、ネコがなかに駆け込んでくるのが見えるだろうといったことがなぜ成立するのか説明できなくなるだろう。また、あなたが私の部屋に立ち寄ったとしたら、いま机のうえに泥だらけの足跡を付けているネコがいることにあなたは同意するだろうといったことがなぜ成立するのか説明できなくなるだろう。

困るのは、これら二種類のものがまったく異なるように見える点である。一方では、大きさ、形、

図1　内と外，心と脳，主観性と客観性，これらの間の底知れない深淵，大いなる溝，説明ギャップを埋めるのに成功した者は，まだいない．

重さなどの性質、つまり誰もが測定でき、その測定の結果が互いに一致するような性質を備えた実在的な物理的事物が存在し、他方では、痛みの感じや、いま見えている通りのあのリンゴの色といった個人的な経験が存在するのである。

いつの時代にも、人々はたいてい、ある種の二元論を採用してきた。二元論というのは、二つの異なる領域や世界がたしかにあるという信念である。これは、現在の大半の非西洋的な文化に当てはまるし、また調査によれば、大半の教養ある西洋人にも当てはまる。おもな宗教はほとんどすべて二元論をとっている。キリスト教徒とイスラム教徒は非物理的な永遠の魂を信じており、ヒンドゥー教徒はアートマンや内なる神聖な自我を信じている。宗教のなかでは、仏教だけが内的な永続的自己や霊魂というものを否定している。信仰を持たない人々のあいだでさえ、西洋文化のなかでは二元論が有力である。人気のあるニュー・エイジ理論(近代自然科学の行き詰まりを克服しようとして一九六〇年代末に起こった科学運動)は、心や意識や精神の力を盛んに言い立て、あたかもそれらが独立した力であるかのように語る。また、代替療法を唱える人たちは身体にたいして心が影響を及ぼすという考えを支持し、あたかも心と身体は二個の別々のものであるかのように考える。そのような二元論は私たちの言語に深く組み込まれていて、私たちは気楽に「私の脳」とか「私の身体」という言い方をし、あたかも「私」は「脳」や「身体」とは別ものであるかのように語る。

十七世紀に、フランスの哲学者ルネ・デカルト(一五九六―一六五〇)は、最も有名な二元論の理論をはっきり述べた。デカルト的二元論として知られるそれは、心と脳が異なる実体からできているという考えである。デカルトによると、心は非物理的で非延長的なものであるが(つまり、場所を占めず、位置も持たない)、他方で、身体やそのほかの物理世界の事物は、物理的ないしは延長的な実体からできている。この理論が抱える難点は明白である。二つの実体はどのようにして相互作用するのか。デカルトは、二つの実体は脳の中心にあるきわめて小さな松果体で交わると考えた。しかし、これではちょっと問題をかわしたにすぎない。松果体は物理的な構造体であり、デカルト的二元論は、なぜ松果体だけが心的領域と交わることができるのかをまったく説明できないのである。

この相互作用の問題は、二元論的な理論を構築しようとするどんな試みにもつきまとう。おそら

図 2　デカルトは，痛みにたいする反射的な反応を，機械的な反応と微小管内の「動物精気」の流れによって説明した．しかし，意識経験のほうは，脳の中心部にある松果体をとおして身体に繋がれたまったく異なる心的世界に属すると考えた．

くはそのせいで、大多数の哲学者や科学者は、あらゆる形式の二元論を拒否して、ある種の一元論を支持するのである。とはいえ、一元論の選択肢はごくわずかしかなく、それらもまた問題をはらんでいる。たとえば、観念論者は、心を根本的なものとみなすが、その場合、一貫した物理世界が存在するように思われるのはどうしてかということを説明しなければならない。中性一元論者たちは二元論を拒否するが、世界の根本的な本性および世界を統一する仕方については意見が分かれている。三番目の選択肢は唯物論であり、現在、科学者たちのあいだでは断然人気がある。唯物論者は物質を根本的なものとみなすが、その場合、彼らは本書のまさに主題となる問題に直面せざるをえない。すなわち、意識をどのようにして説明するか。純粋に物理的な実体だけからできていて、それ以外の何も含まない物理的な脳が、どのようにして意識経験や言い表すことのできないクオリアを生み出すことができるのか。

　この問題は意識の「ハード・プロブレム」と呼ばれる。この言葉は、一九九四年にオーストラリアの哲学者デイビッド・チャーマーズによって造り出された。彼は深刻で克服しがたいこの困難を、彼の言う「イージー・プロブレム」から区別しようとした。チャーマーズによると、イージー・プロブレムとは、まだ問題が解けていなくても、その解き方が原理的にはわかっている問題である。それには、知覚、学習、注意、記憶のような問題、すなわち、対象をどのようにして識別するのか、また刺激にたいしてどのように反応するのか、睡眠は覚醒とどのように違うのかといった問題が含まれる。経験のほんとうにハードな問題と比べると、これらはすべてイージーな問題だと彼は言うのである。

かならずしも全員がチャーマーズに同意しているわけではない。ハード・プロブレムは存在せず、それは意識についての誤った考え方に基づいているか、あるいは「イージー」プロブレムのひどい過小評価によると主張する人たちもいる。アメリカの哲学者パトリシア・チャーチランドは、ハード・プロブレムを「人を欺く問題」と呼び、どの問題がハード・プロブレムであるのかをあらかじめ決定することはできないと論じる。ハード・プロブレムは、知覚、記憶、注意などをすべて説明しても、それでもなお説明されずに残るもの、すなわち「意識そのもの」が存在する、という誤った直観から生じるのだと彼女は主張するのである。

これらは重要な反論である。それだから、議論をさらにさきへ進めるまえに、「意識そのもの」が何かを意味するとすれば、それは何なのかをもっと明瞭にしておかなければならない。

意識を定義する

コウモリであるとはどのようなことか(どんな感じか)。この奇妙な問いが意識研究の歴史に大きく立ちはだかっている。この問いは一九五〇年代に最初に提起され、一九七四年にアメリカの哲学者トマス・ネーゲルによって広く知られるようになった。彼はその問いを使って唯物論に挑戦し、意識が何を意味するのかを解明し、なぜ意識が心身問題をまったく手に負えない問題にしてしまうのかを見極めようとしたのである。意識が意味するのは主観性であると彼は言う。コウモリであることがそのようなことであるような何か(コウモリであるという感じ)――コウモリ自身にとっての何か――が存在するなら、コウモリは意識的である。それが存在しないなら、コウモリは意識的ではない。

たとえば、あなたのテーブルのうえにあるマグカップやティーポットやプラスチックの飾りについて考えてみよう。さて、マグカップであるとはどのようなことかと問うなら、おそらくあなたは、それはどのようなことでもないと答えるだろう。マグカップは感じることができないし、陶器は不活性である。おそらくあなたは、ティーポットやマグカップは意識的ではないとあっさりと言ってのけるだろう。しかし、虫やハエ、バクテリア、コウモリとなると、あなたは苦労するかもしれない。あなたは、ミミズであるとはどのようなことであるのかを知ってはいないし、もちろん知るこ

意識を定義する

一般的に認められている意識の定義はないが、以下の定義は、意識という言葉が何を意味するかについて、多少明らかにしてくれる。

「……であるとはどのようなことか」——ある動物（あるいは、コンピュータや乳児）であることがそのようなことであるような何かが存在するなら、そのものは意識的である。そうでない場合には、意識的ではない。

「主観性」あるいは「現象性」——意識は主観的経験や現象的経験を意味する。これは、事物の客観的なあり方とは対照的な、私にとっての事物の現れ方である。

「クオリア」——赤色の赤さや、松ヤニの記述しがたいにおいのような、言葉で言い表すことのできない経験の主観的な質。このようなものは存在しないと主張する哲学者もいる。

「ハード・プロブレム」——主観的経験が客観的な脳からどのようにして生じるのかという問題。

ともできない。それでも、ネーゲルが指摘しているように、虫であることがそのようなことであるような何かが存在すると思うなら、あなたは虫が意識的だと信じているのである。

ネーゲルが例としてコウモリを選んだのは、コウモリが私たちとはあまりにもかけ離れた動物だからである。コウモリは飛行し、ほとんど暗闇のなかで生活し、木やじめじめした洞窟のなかで逆さまにぶら下がり、世界を見るために視覚ではなくソナー(音響定位法)を使う。つまり、飛行中にコウモリは高音の鳴き声をすばやく連続的に発射し、その反響が鋭敏な耳に戻ってくると、それを分析して周囲の世界について知るのである。

このようにして世界を経験するというのはどのようなことなのだろうか。自分がコウモリであると想像するのは適切ではない。なぜなら、教育を受けていて話すことができるコウモリというのは、通常のコウモリではないからである。反対に、あなたが通常のコウモリになり、考えることも話すこともできなくなれば、あなたは自分自身の疑問に答えることもできなくなるだろう。

ネーゲルは、コウモリであるとはどのようなことかを私たちはけっして知ることができないと主張し、このことから、問題は解決不可能であると結論した。それゆえ、彼は「神秘主義者」と呼ばれている。もう一人の神秘主義者は、アメリカの哲学者コリン・マギンである。彼は、私たち人間が意識の理解にかんして「認知的に閉じている」と論じる。つまり、たとえば、楽しげに店頭から新聞を運んでくるイヌが、新聞を読むという希望を持つことができないのと同じように、私たちは意識を理解するという希望を持つことができないのである。心理学者のスティーブン・ピンカーはこれに同意する。彼によれば、私たちは心の働き方の大部分を詳細に理解することができるとしても、意識そのものには永遠に手が届かないだろう。

　ネーゲルの悲観論に同調する人はそれほど多いわけではないが、彼の問いは、私たちが意識について語るときに何が問題となっているのかを思い出させるうえで、とても役に立つ。知覚や記憶、知性、問題解決などを純粋に物理的過程として語り、それで意識を説明したと主張しようとしても、無駄である。ほんとうに意識について語ろうとするのであれば、あなたは何らかの仕方で主観性を取り扱わなければならない。あなたは実際にハード・プロブレムを解決して、どのようにして物理世界から主観性が生じるのかを説明しなければならない。あるいは、意識は物理的な過程と同一だとか、意識は錯覚だとか、さらには意識など存在しないと主張するのであれば、あなたはなぜ意識がこれほどまでに強固に存在すると思われるか、その理由を説明しなければならない。いずれにせよ、あなたが意識を取り扱っていると主張できるのは、「……であるとはどのようなことか」について語る場合だけなのである。

　意識という言葉のこの本質的な意味は、現象性ないしは現象的意識とも呼ばれている。これはアメリカの哲学者ネッド・ブロックの表現である。ブロックは現象的意識をアクセス意識と対比する。現象的意識は、ある状態にあることがそのようなことであるような何かであり、それにたいしてアクセス意識は、思考したり行為や発話を行ったりするのに利用できるという意味での意識である。ネーゲルが問題にしていたのは現象的意識（あるいは現象性や主観性）であり、それが意識問題の核心をなしているのである。

以上の考えを念頭において、ようやく意識研究の中心的な争点の一つに取りかかる用意ができた。それはつぎの問いをめぐるものである。すなわち、意識は、私たち人間が持つ知覚や思考、感覚の能力とは別の余分な成分なのか、それとも、知覚し、思考し、感覚できる生物であることと不可分の内在的な成分なのだろうか。これはじつに中心的な問いであり、ほかの問いがすべてそれにかかっているような問いである。あなたはどちらにするかを、いま決めたいと思うかもしれない。というのも、どちらにしても、その意味するところはきわめて重大だからである。

一方では、意識が追加的な余分の成分であるとすると、私たちがなぜその成分を持つのか、当然、問いたくなる。意識は何のためにあるのか、意識は何をしているのか、どのようにして意識が獲得されるのかを私たちは尋ねたくなる。意識は余分だという見解では、私たちが意識を持たずに進化したかもしれないということが容易に考えられ、それゆえ、意識はなぜ進化してきたのか、意識はどのような利点を私たちにもたらしたのか、ほかの生物でも意識は進化してきたのかを私たちは知りたくなる。この見解では、ハード・プロブレムは実際、ハードである。そして取り組むべき課題は、まさにこれらの難問に答えることである。

他方では、意識が複雑な脳過程に内在しそれと不可分なら、以上の問いのほとんどは尋ねる必要がない。この見解(の一つである機能主義)では、意識がなぜ進化したかを問う必要はない。なぜなら、進化して知性、知覚、記憶、情動を有するに至った生物はすべて、必然的に意識を持つからである。「意識そのもの」や「言葉で表現できないクオリア」について語ることにも意味がない。それというのも、過程や能力とは別に存在する余分な成分などは存在しないからである。

この見解では、実際には深遠な謎は存在せず、いかなるハード・プロブレムも存在しない。それゆえ、課題はまったく違うものになる。つまり、そのような問題がなぜ存在するように思われるのか、なぜ私たちが言葉で表現できない非物理的で意識的な経験を持つように思われるのかを説明しなければならない。意識は錯覚であるという考えが登場するのは、まさにこの場面である。というのも、意識もハード・プロブレムも見せかけのものであり、それゆえ私たちは、その錯覚がどのようにして生じるのかを説明しなければならないからである。

この二分法が理解しにくいようなら、つぎの思考実験が理解の助けになろう。

ゾンビ

あなたにそっくりで、あなたのように振舞い、あなたのように考え、あなたのように話すが、まったく意識を持たない人を想像してみよう。もう一人のあなたであるこの人物は、私秘的で意識的な経験を持たない。その行為はすべて、気づきを伴わずに遂行される。哲学者たちの言うゾンビとは、このような無意識的な生物であって、あの半死半生のハイチ人のことではない。

もちろんゾンビを想像するのは容易だが、ゾンビはほんとうに存在可能なのだろうか。この問い

図 3　ゾンビという哲学者の考えは混乱をもたらすだけだ．

は、一見、単純そうにみえるが、それによって大いなる哲学的難問の世界へ導かれることになる。

「肯定」派に属するのは、一方が意識的で、他方が無意識的な二つの機能的に等価なシステムが存在することがほんとうに可能だと信じる人たちである。チャーマーズは「肯定」派に属している。ゾンビは想像できるだけでなくまさに可能でもあり、たとえこの世界で可能でないとしても、何らかの別の世界で可能であると彼は主張する。彼は自分の双子ゾンビを想像する。それは、本物のチャーマーズそっくりに振舞うが、意識的経験も内的世界もクオリアも持たない。このゾンビのチャーマーズは、心のなかがまったくの暗黒である。また、ほかの哲学者たちのなかには、ゾンビたちがゾンビ地球に居住するというような思考実験を考え出したり、現に生きている哲学者たちがじつは意識的であるふりをしているゾンビかもしれないというような思弁をめぐらしたりする者もいる。

「反対」派に属するのは、ゾンビという考えがまったくばかげていると考える人たちである。このなかにはチャーチランドやアメリカの哲学者ダニエル・デネットが含まれる。彼らは、ゾンビという考えはばかげていると主張する。なぜなら、歩く、話す、考える、ゲームに興じる、衣類を選ぶ、美味しい夕食を味わうなど、私たちが行うことをすべて行うようなシステムは、必然的に意識を持つからである。問題なのは、ゾンビを想像するときに、人々がごまかしをしていることである。彼らはそう文句を付ける。つまり、ゾンビを想像する人たちは、定義をしっかりと真面目に受けとめていないのである。ごまかしをしたくないなら、ゾンビは正常な人物と外見ではまったく区別できないことをけっして忘れないようにしなくてはならない。そうすれば、ゾンビにたいしてその経験について質問したり、その哲学を試したりしても無駄なことがわかる。なぜなら、定義によって、ゾンビはかならず意識的な人とまったく同じように答え、振舞うからである。きちんと定義を守るなら、ゾンビという考えは無意味なものとして消滅するだろうと批判者たちは言うのである。

私たちは、かの中心的な問い、すなわち、意識は、意識的な人間である私たちが幸運にも持つことになった特殊な追加的な成分なのか、それとも、知覚、思考、感覚など諸々の進化してきた能力の全体に必然的に伴うものなのかという問いを考察してきたが、いまやゾンビがこの問いについてほんとうに生き生きと考えさせてくれる絶好の手段であることが容易にわかるはずだ。意識が余分な追加された成分だと思うなら、あなたは、私たちが全員、意識的な人として進化する代わりにゾンビとして進化したかもしれないとか、さらには、あなたの隣人がひょっとしたらゾンビかもしれないと信じることさえできよう。しかし、意識は私たち人間の能力に内在しそれと不可分なものだと思うなら、ゾンビの存在は端的に不可能であり、ゾンビという考えはまったくばかげたものになろう。

私は、ゾンビという考えはまったくばかげたものだと考えている。それでもなお、その考えは依然として人を強く引き付ける。それはおもに、ゾンビがきわめて容易に想像できるからだ。だが、想像しやすいからといって、正しいとは限らない。そこで、同じ問題を少し異なる角度から考察してみよう。意識はそもそも何かを行うのだろうか。

「意識の力」という言い回しは、日常の話のなかではありふれたものである。それはつぎのような考えを意味している。すなわち、意識はある種の力であって、世界に直接、影響を与えることができる。たとえば、意識は、「私」が腕を動かそうと意識的に決意して腕が動く場合のように、自分自身の身体に働きかけたり、あるいは、それよりももっと怪しげだが、心霊療法やテレパシーや「気力で乗り越える」といった仕方で、世界に影響を与えたりすることができる。ゾンビと同じように、このような「力」は容易に想像できる。私たちは、意識的な心が何らかの仕方で事物に手を伸ばして影響を与えるのを思い浮かべることができる。しかし、このような考えは道理にかなっているのだろうか。意識が主観性や現象性を意味することを思い起こせば、たちどころにこの考えはそれほど納得のいくものではないように思えてこよう。あるもの「であることがそのようなことであるような何か」が、どうして力であることができるのだろうか。私があの木の緑色を経験するさいのその経験が、いったいどのようにして何かを生じさせることができるのだろうか。

意識が力かどうかを調べるには、それを取り去ったときに何が起きるのかを問うてみればよい。意識がおよそ何らかの力を持つとするなら、意識を取り去ったときに残るのは明らかにゾンビではありえないだろう。なぜなら、定義により、ゾンビは意識的な人と区別できないからである。したがって、残るのは、意識的な人には行える何かができない者である。しかし、何ができないのだろうか。

おそらくあなたは、意思決定のためには意識が必要だと考えるだろう。しかし、私たちは脳がどのように意思決定を行うのかについて多くのことを知っており、脳は意思決定のために、余分な追加の力を必要としていないように思われる。また、私たちは特別な意識モジュールなしで意思決定を行うコンピュータを作ることもできる。視覚、聴覚、運動制御、その他の人間の能力にかんしても同じことが言える。おそらくあなたは、美の鑑賞や創造性、恋愛のために意識が必要だと考えるだろうが、ほんとうにそう考えるなら、あなたはこれらのものごとが賢明な脳の働きによってではなく、意識それ自身によって実際に行われることを示さなければならないだろう。

このようなことはすべて、意識はおそらく何もしていないだろうという困った考えに私たちを導くし、また、そのほかにも同じ方向を指し示すことがらがある。たとえば、クリケットの球を捕えたり、卓球に興じたり、早口の会話に割り込んだりするような行為について考えてみよう。このようなすばやい行為はすべて意識的に行われているように思われるが、それらの行為を生じさせているのは意識そのものだろうか。このあと見るように、実際には、あまりにもすばやく行われるそうした行為では、意識経験に関与していないと思われる脳部位が協調して働いているのである。

それでは、意識は完全に無力なのだろうか。無力だという考えの一つに、随伴現象説がある。それは、意識が無用の副産物つまり随伴現象だという考えである。これはじつに奇妙な考えである。なぜなら、それによれば、意識は現実に存在しているが、ほかの何ものにも影響を与えないということになるからである。意識がおよそ何の影響も与えないなら、私たちがどうして意識について気遣ったり、語ったりするようになったのかが、まったく理解しがたいことになる。

しかし、意識を無力なものと考えるのは随伴現象説だけではない。別の考え方では、つぎのように言われる。すなわち、私たちと同じように、見る、感じる、考える、恋に落ちる、上等なワインを賞味する、といったことができる生物はすべて、結局のところ不可避的に自分たちは意識的であると信じ、ゾンビは可能だと想像し、意識は何かを行うと考えることになる。つまり、私たちは欺かれているのだ。これがこの種の理論の基本的な考え方である。私たちはあたかも意識が力ないしは付加された能力であるかのように感じているが、私たちは間違っているのである。この理論に名前が必要なら、「錯覚主義」と呼ぶことができるだろう。

これが意識についての正しい考え方だと私は考えている。しかし、それによれば、意識についての私たちの日常的な仮定は深刻な間違いを犯していることになる。ほんとうに私たちは間違っているのだろうか。また、なぜ私たちは間違うのだろうか。私たちは自分たちの日常的な仮定のいくつかをもっと詳しく調べて、それらがどの程度信頼できるのかを問うてみるべきであろう。

心の劇場

意識についての最も自然な考え方は、以下のようなものであろう。心は自分だけの劇場だ。私はこの劇場の内側にいる。私は自分の頭のなかのどこかにいて、目をとおして外部を見ている。しかも、この劇場は何種類もの感覚に満ちた劇場である。手触りやにおい、音、情動が感じられる。そのうえ、想像力も使える——あたかも心のスクリーンに光景や物音を呼び出して、内なる目や耳によってそれらを見たり聞いたりすることができるかのようである。これらのすべてが「私の意識の内容」であり、「私」はそれらを経験する観客なのだ。

この劇場というイメージは、意識のもう一つのよくあるイメージ、すなわち、意識は川や小川のように流れるものだというイメージとうまく合う。十九世紀に、「現代心理学の祖」であるウィリアム・ジェームズ(一八四二―一九一〇)は、「意識の流れ」という言葉をつくったが、それはじつに適切な表現であるように思われる。私たちの意識的な生活はほんとうに、光景、音、におい、感触、思考、情動、困惑、喜びなどの不断の流れのように感じられる。これらがすべて、次々と私に生起してくるのである。

私たち自身の心をこのように想像するのはきわめて容易であり、しかもきわめて自然なので、それはほとんど疑うに値しないように思われる。だが、知的な困惑に陥ったときには、そして実際、

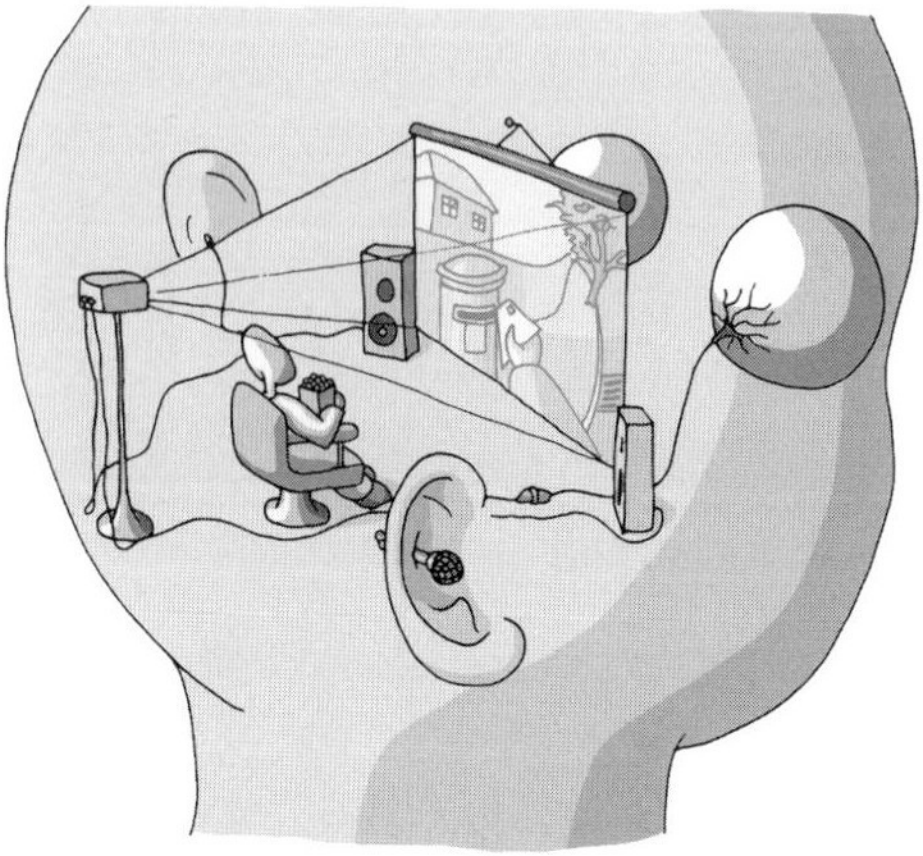

図 4　私は自分の頭のなかのどこかにいて，そこから外界を見ているように感じられる．つまり，私は自分の目や耳をとおして外界を経験し，自分の心の目でものごとを想像し，自分の手足を指揮して通りを歩き，手紙を投函するように感じられるのである．しかし，脳がこのような仕方で働くことはありえない．これはデネットの言う神秘的なデカルト劇場である．

意識の問題にかんして私たちは困惑に陥っているように思われるのだが、そのようなときには、自分たちの最も基本的な仮定、つまりいまの場合でいえば、劇場や流れのような一見、無害そうなたとえに疑問を突き付けることも、ときにはやってみる価値のあることである。

　最も強力に疑問を投げ掛けたのは哲学者ダニエル・デネットである。彼は、大多数の人たちが進んでデカルト的二元論を拒否しつつも、その一方で、彼の言うデカルト劇場という形で、二元論的思考の名残を強くとどめていると批判する。デカルト劇場というのは、心をたんに劇場になぞらえるのではなく、心もしくは脳のどこかに、すべてのものが集まり「意識が出現する」特別な場所と時がなければならないという考え方なのである。つまり、脳の活動にはある種の最終ラインというものがあって、それを超えると不思議にも事物が意識され、「意識に上る」ようになるという考え方である。

これは誤りに違いない、とデネットは主張する。まず、第一に、脳のなかには、この考え方に対応するような中枢は存在しない。というのも、脳は中枢本部を持たない徹底して並列的な処理システムだからである。感覚器官に到達した情報は、そこからさまざまな目的のためにありとあらゆる場所に分散させられる。このような活動のすべてにおいて、「私」が鎮座して、事物が私の意識を通過するさまをショーのように眺める中枢的な場所など存在しない。思考や知覚がそこに到着することによって、それらが意識的となる瞬間が刻印されるような場所は存在しない。私の決定が送り出される単一の場所というようなものは存在しない。その代わりに、多数の異なる脳部位がそれぞれ自分の仕事をこなし、必要なときにはいつでも互いにコミュニケーションを取り合い、どのような中枢制御も受けない。いったい何が意識の劇場に対応しているというのだろうか。

デネットはさらに、劇場を一つの現実の場所と考えるのをやめて、それをある種の分散処理、あるいは広範囲に及ぶニューラル・ネットワークと考えてみても無駄であると主張する。考え方の基本は同じであり、やはり間違っている。場所であれ、過程であれ、その他どのようなものであれ、それだけが脳活動の意識的な部分であり、それ以外のすべての部分は無意識的だということはないのである。入力が統合されて「意識のなか」で上演され、それを誰かが見たり聞いたりすることは、いかなる意味でもないし、また内部の小人が自分の見るものに働きかけるということもない。脳はそのように組織されてはいないし、もしそう組織化されていたとしたら、脳は機能しないだろう。

むしろ、私たちが何とかして理解しなければならないのは、経験の流れを持つ意識的な自己が存在するという感じが、実際には内なる劇場も、ショーも、観客も存在しない脳のなかでいったいどのようにして生じるのかということである。

二元論を拒否すると主張しながら、依然としてデカルト劇場を信奉している科学者を描くために、デネットは「デカルト的唯物論」という言葉をつくった。注意していただきたいが、デカルト劇場もデカルト的唯物論も、どちらもデネットの言葉であって、デカルトの言葉ではない。デカルト的唯物論者であることを認める科学者は、いたとしてもごく少数であるが、このあと見るように、実際には、非常に多くの科学者たちが意識の流れのようなものを仮定しており、心を内なる劇場とみなしている。もちろん、彼らは正しいのかもしれないし、彼らが正しいなら、意識の科学の課題は、その比喩的な劇場が脳のなかの何に対応しているのか、また、それがどのように働くのかを説明することである。しかし、どちらかと言えば、私は彼らが正しくないのではないかと思っている。脳の働き方をもう少し詳しく調べれば、その理由が理解しやすくなるだろう。

2　人間の脳

意識の統一性

人間の脳はこの世で最も複雑なものだと言われている。体重を考慮に入れれば、人間の脳はほかのいかなる動物の脳よりも大きく、しかもはるかに大きい。私たちに一番近い動物である大型類人猿の脳と比べて予想されるより、およそ三倍も大きいのである。人間の脳は一・五キログラム近い重さがあり、一千億個以上のニューロン(神経細胞)で構成されている。ニューロンは互いに結合され、その結合の数は百兆にのぼる。このような結合から、私たちの驚くべき能力が生じてくる。すなわち、知覚、学習、記憶、推論、言語、そして——どういうわけか——意識である。

脳内の変化が意識の変化を引き起こすことを考えれば、脳は意識と密接に関係していると言えよう。たとえば、脳機能に影響を及ぼす薬物は、主観的経験にも影響する。また、脳のさまざまな小領域を刺激することによって、幻覚、身体感覚、感情的反応など、それぞれの領域に特有のさまざまな経験を引き起こすことができる。そして、脳の損傷は個人の意識状態をがらりと変えてしまう。このように、意識が脳と深く関わっていることは確かである。しかし、意識にかんする謎はまだ残っている。つまり、そもそもなぜ私たちは意識を持つのだろうか。

脳は、いくつかの点で、私たちが持っている意識を生み出すのにふさわしくない仕方で組み立てられていると思われる。なかでも最も特徴的なのは、脳がその仕組みからいえば、大規模な並列分散処理システムだという点である。感覚器官をとおして脳に送られた情報は、発話や行為をはじめとする出力の制御に使われるが、この過程において中央司令部のようなものは存在しない。つまり、脳のなかには、真に重要なことがらが行われる聖なる場所などないのである。脳は中央処理装置を備えたパソコンよりも、むしろ巨大なネットワーク——あるいは互いに深く関係し合ったネットワークの巨大な集まり——に似ている。人間の脳には、いかなる中心もない。脳のさまざまな部位が、それぞれ視覚や聴覚、発話、身体イメージ、運動のコントロール、将来の計画立案などの働きに携わっている。これらの部位は互いに連携し合っているが、この連携はすべての情報が一つの中央処理装置に送られることによって成り立っているのではなく、各部位が脳全体にわたって互いに縦横無尽に結合されることによって成り立っているのである。

これと対照的に、人間の意識は一つに統一されているように思われる。この「意識の統一性」は、しばしば三つの異なる仕方で描かれる。そして、意識についての自然な考え方、すなわち意識を劇場あるいは経験の流れとして捉える考え方は、この三つの描き方をすべて含んでいる。

まず、第一に、どの特定の時点をとっても、その時点で私が経験していることがらには統一性がある。つまり、その時点で私の意識のうちにあるものと、そうでないほかの多くのものは、はっきり区別できる。意識のうちにあるものは「意識内容」と呼ばれ、意識の流れにおいて、あるいは劇場の舞台のうえのショーにおいて、その時々の経験を形づくる。第二に、意識は時間的に統一されているように思われる。つまり、ある瞬間からつぎの瞬間にかけて、あるいは意識経験の存続するあいだじゅうずっと、意識には連続性があるように思われる。第三に、このような意識内容は同一の「私」によって経験される。言い換えれば、意識の流れが単一であるのと同様に、それを経験する者も単一なのである。

したがって、意識の科学が成功を収めるためには、意識の内容、意識の連続性、意識を持つ自己のそれぞれをうまく説明しなければならない。しかもこの説明は、脳が多重並列処理を行う、中心化されないシステムであるという前提から始めなければならないのである。自己の問題についてはあとで戻ることにして、まずは意識の内容というものがあるという、一見、まともそうな考えから検討を始めよう。

ここで重要となるのは、人間の脳で生じていることの大部分が意識の外にあり、意識化できないように思われる点である。私たちは、木が風に吹かれているのを見ても、木の知覚へとつながる視覚皮質の敏速な電気的活動を意識することはいっさいない。コンピュータのまえに座って意識的にメールの返信を書いていても、手がどのように単語を入力しているのか、またその単語がどこから思い浮かんでくるのかといったことは意識に上らない。卓球の試合で勝とうと意識的に努力していても、ウイニングショットを可能にするすばやい視覚－運動制御には気づかない。

これらのどの例においても、無数の結合を備えた私たちの脳の細胞の一つ一つが活性化している。私たちが何を行うかによって変わってくるが、ある細胞は速く発火し、ほかのものはゆっくり発火する。だが、この活動の大半は、意識の流れあるいは心の劇場にけっして現れてこない。よって私たちはこれらを無意識あるいは下意識と呼ぶか、あるいは意識の周縁へと追いやる。

しかし、これはほんとうのところ、いったい何を意味しているのだろうか。問題は、意識に現れる活動と現れない活動を区別するときの前提とされている、意識的なものと無意識的なものの違いが、けっして明らかではないということだ。二元論者が信じるように、意識的な脳活動は超自然的な魂や非物理的な自己によって制御されているのだろうか。脳内には、意識の生じる特別な場所があるのだろうか。ほかのニューロンとは違ってそれだけが意識経験を生み出すような、特別なタイプの「意識ニューロン」があるのだろうか。意識を生み出すような何らかのニューロン結合法があるのだろうか。それともほかの何かがあるのだろうか。あとで見るように、これらの可能性には、いずれもそれぞれ対応する理論があるのだが、どの理論も深刻な困難に直面しているのである。

結局、問題はこうであろう。私たちは劇場や意識の流れといった、おなじみの意識観をなんとか維持し続け、それをうまく働かせるように努めるべきなのだろうか、それともなじみの考え方を捨

共感覚

形が聴こえたり、騒音が見えたり、音響の手触りを感じたりする人々がいる。意識のこのような奇妙な統合は意外によくある。幼い子どもの多くが共感覚を持っているが、それはたいてい年齢とともに消えていく。大人で共感覚を持つ人は二〇〇人に一人程度である。共感覚は遺伝的なものであり、女性と左利きの人に多く見られる。共感覚者は、記憶力が優れているが、数学が苦手で、空間的な能力も劣っている。詩人や作家、芸術家には共感覚者がとりわけ多く見られる。

共感覚の最もよくある形態では、数や文字がつねに色を帯びている。こうした経験は意識的に抑えることができず、また、たいていの共感覚者は、何年もあとになってからテストされても、同じ刺激によって昔感じたのとまったく同じ輪郭や形や色が感じられると報告する。多くの共感覚者が自身の能力を隠しており、心理学者たちは長いあいだ、共感覚の存在を疑っていた。しかし近年の研究によって、共感覚が広く見られ、安定した感覚であることが確かめられている。

共感覚者は、脳の異なる感覚皮質のあいだの結合が、ふつうの人より多いのではないかと考えられる。ラマチャンドランは、数と色は脳内の隣り合った領域で処理されており、このことによって共感覚の最もよくある形態が説明されるだろうと論じている。

てて一からやり直すべきなのだろうか。意識を脳の機能に関係づける興味深い研究を考察するにあたって、この問いを心に留めておくことが重要である。

意識の神経相関物

誰もが痛みを経験したことがある。痛みは恐ろしい。つらくて、いやなものだ。だが、痛みとはいったい何なのか。意識の神経相関物(the neural correlates of consciousness, NCCs)、つまり主観的経験と相関し連合している脳活動について考えるのに、痛みはうってつけの例である。

主観的な側面についていえば、痛みは私秘的な経験の典型である。私たちはほかの人にたいして、痛みを言葉で言い表すことができない。ほかの人の痛みがどれくらいひどいのかを知ることもできない。もっとも、行動の観察をとおして知ることはできるが、そのときでさえ、痛いふりをしているだけだと思うこともある――けっしてそう確信できなくても。また、ひとたび痛みが消えてしまったら、それを思い出すことさえ不可能である。実際、初産の痛みを思い出せるならば、第二子を産む女性などいないだろうとしばしば言われている。結局のところ、痛みがどんなものかをほんとうに知ることができるのは、痛みに苦しんでいるそのときだけである。

客観的な側面についていえば、痛みは、たとえば体が傷ついたときに生じる。傷ついた部分でさまざまな化学変化が生じ、それから信号がC繊維と呼ばれる専用のニューロンを通って脊髄へ送られ、そこから脳のなかの脳幹、視床、体性感覚皮質(ここには身体のすべての部位を表す地図がある)、そして帯状回へと送られる。脳の活動を撮影することにより、経験された痛みの量とこれらの部位の活動量のあいだに強い相関があることが示された。つまり、痛みの神経相関物のいくつかはわかっているのである。

ここで「相関関係は因果関係を意味しない」ということを忘れないようにすることが重要である。相関関係から誤った因果関係に至りやすいことはよく知られている。つぎの簡単な事例を考えてみよう。フレディは居間に行ってテレビをつける習慣がある。彼がそうすると、ほとんどいつも、画面にアニメ番組『ザ・シンプソンズ』のシンプソン一家が現れる。ほかの人が居間に行ってスイッチを押すと、まったく違ったものが画面に現れる。もしも相関関係が因果関係を意味するなら、私たちはフレディの行為がシンプソン一家の登場を引き起こしていると結論づけなければならない。もちろん、この場合であれば私たちは騙されない。だが、ほかの多くの場合には騙されてしまうのである。

つぎの経験則を思い出そう。AとBのあいだに確かな相関関係があるとき、その因果的な説明として三通りが可能である。つまり、AがBを引き起こしたか、BがAを引き起こしたか、あるいはAとBがともにほかの何かによって引き起こされたかである。これらに加えて、AとBは同じもののようには見えないが、じつは同じものであるという場合もある(水とH_2O、明けの明星と宵の明星などがその例である)。

痛みの場合はどれが起きているのだろうか。物理的変化が痛みを引き起こしているのかもしれない。すると、ハード・プロブレムの解決が必要である。逆に、痛みが物理的変化を引き起こしているのかもしれない。すると、超自然的な理論が必要となる。ほかの何かが両方を引き起こしているのかもしれない。すると、それがいったい何なのか見当もつかない。あるいは、痛みと物理的変化はじつは同じものかもしれない。多くの唯物論者たちがこの最後の説明を支持しているが、もしこれが真実だとすれば、どのようにしてそれが成り立っているのか見当もつかない。私の頭の片側に感じられる、このひどい、たいへん不快な、恐ろしい、いやな感じが、じつは私のC繊維のある少数の発火であるなどということが、どうして可能なのだろうか。

この問いは、現在私たちが意識についてまったく無知であることを示している。だが、嘆いてはいけない。科学はいつも、解決不可能に思える問題を解決するものであり、今回もそうしてくれるだろう。意識の神経相関物を探し当てるために考え出された、とても巧妙な実験を見てみよう。この実験では視覚的意識の相関物が対象となっている。

図5のネッカー・キューブを見てみよう。じっと見ていると、異なる二つの見え方が交互に入れ替わる。この入れ替わりを意図的に起こすことさえできるだろう。一つの見え方が意識に現れると、続いてもう一つが現れ、まるで二つの見え方が意識をめぐって争っているような感じがする。

このような多義図形は、特定の経験の神経相関物についての研究するのにうってつけである。たとえば私たちは、経験が入れ替わるときに脳のどの部位に変化が生じるのかを明らかにできるかもしれない。これは知覚が意識のなかに入る場所を見つけ出したということを意味しよう。あるいは、特別な意識ニューロンを発見したとか、視覚的意識の中枢の位置を探し当てたといってもよかろう。

まさにこれを調べる目的で、一九八〇年代に、ギリシア人の生物学者ニコス・ロゴセティスはサルを用いた実験を考案した。彼が利用したのは、両眼闘争という、ネッカー・キューブとは異なる種類の多義的な知覚であった。これは二つの眼に異なる絵を提示するというものである。この状況では、ネッカー・キューブの場合と同様に、二つの絵が意識をめぐって争う。サルは明らかにこの状況に私たちと同じ仕方で反応する。彼らは現在どちらの絵が見えているかを、レバーを押して報告することができる。そこでロゴセティスは、視覚皮質の最初の部位(V1)、あとのほうの部位(V4)、そして視覚情報がはじめに処理されたあと、その一部が向かう側頭皮質のいくつかの部位など、サルの脳のさまざまな部位に電極を挿し込んだ。その結果、V1の細胞の活動はつねに一定だったが、側頭皮質における活動は、サルの経験の変化に伴って変化した。人間を対象とした最近の実験でも、脳画像の技術を用いた最近の実験でも、同じような結果が得られている。

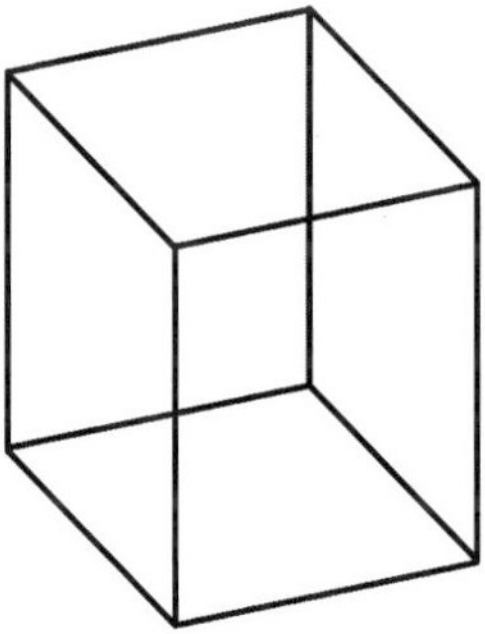

図5 この多義図形はネッカー・キューブと呼ばれる．しばらく眺めていると，どちらにも見える2つの見え方が交互に入れ替わるのがわかるだろう．まるで2つの見え方が意識をめぐって争っているかのようである．しかし，それはここで生じていることを正しく捉えているだろうか．

これは、問題が解決したということ、つまり意識が脳内のどこで生じるかがわかったということを意味するのであろうか。そう考えているように思われる研究者もいる。たとえば、チャーマーズは、意識はこれらの部位で生み出されると述べ、またアメリカ人の神経心理学者V・S・ラマチャンドランは、これらの脳の細胞はほかのものと異なりクオリアを帯びていると述べる。同様に、ノーベル賞を受賞した生理学者フランシス・クリック（一九一六―二〇〇四）も、感覚皮質における最初のほうの処理は私たちの意識に上らず、そのあとのほうの結果だけが意識されると結論づけている。

だが、基本的な問題がまだ残っている。ある計算処理が「クオリアを帯びている」とか、意識が脳のほかの領域ではなくまさにこの領域で「生み出される」ということがいったいどういうことなのか、皆目見当がつかないのである。関連する脳の細胞を発見したとしても、まだ問題が残る。なぜ、どのようにしてそのような細胞は意識を生み出すのか。この魔術めいた違いはいったい何なのだろう。なぜ、主観的経験を生じさせる細胞とそうでない細胞があるのか。

意識を生み出す過程が脳のどこで生じているのかを知ることはたしかに重要だが、相関関係だけでは謎は解明されない。実際のところ、この謎が謎であることがいっそう明白になるだけである。

損傷した心

脳内の血管が詰まって酸素不足になり、そのためニューロンが損傷すると、脳卒中が起こる。これはしばしば脳の損傷部位とは反対側の体の麻痺や、片側の失明などの障害を引き起こす。左脳は体の右側をコントロールし、また視覚世界の右側を見ている（つまり、左脳は右眼を扱っているのではなく、右側に見えるものを扱っている）ので、このような症状が起こることは簡単に理解できる。だが、右脳の損傷は、ときにはるかに奇妙な結果を引き起こす。それが半側空間無視である。

この状態では、患者たちはたんに何らかの特定の能力を失うわけではない。むしろ、彼らは世界の半分を失ってしまったように見える。たんに部屋の左側や、絵の左側に眼を向けても何も見えないというのではなく、そもそも左側があることさえわかっていないように思われるのである。このことは彼らの奇妙な振舞いによって明らかになる。たとえば、彼らは皿の右側に載っている食べ物しか食べず、ほかの誰かが皿をぐるりと回してくれるまでは、残りの食べ物を完全に無視する。彼らは顔の右側のひげだけを剃ったり、右側に立っている訪問者にだけ返事をしたりする。

図 6　半側空間無視．これらの絵は，1987 年に右大脳半球が脳卒中になった患者 PP が描いたものである．それぞれ，左側の大部分が失われていることに注意してほしい．彼女は 17 年後に亡くなるまで，視覚的無視の症状を示し続けた．

このような患者たちにたいして、イタリア人の脳神経科学者エドアルド・ビジャッキはユニークな実験を行った。彼は患者たちに、有名なミラノの大聖堂広場を想像するように言った。患者たちは皆、この広場のことをよく知っていた。まず、彼らは北側から大聖堂広場にたどりつくときに何が見えるかを説明するように求められた。彼らは皆、右側に見えるであろうたくさんの美しい建物や店やカフェについて述べた。その位置に立っていたら左側にあるであろうすべてのものを、彼らは完全に無視した。ビジャッキは、そこに何があるかを患者たちに言わせることができなかった。だが、つぎにビジャッキは、逆側から広場に入る場合を患者たちに想像させた。すると、忘れられていた建物のすべてがていねいに説明され、まえに思い出されていた建物が忘れられてしまった。

何が起こっているのだろう。人間の経験がこのように分解されてしまうということは受け入れがたい。私たちは、もし自分が脳卒中になったら、きっと愚かな間違いに気づき、二つの光景をつなぎ合わせることができるだろうと思いたがるが、明らかにそのようなことは起こらない。脳卒中の人々にとって、世界の半分は完全に失われてしまい、その問題を克服できる、高次の意識を持つ自我など存在しないのである。

記憶もまた、失ったときのことを考えてみないかぎり、あるのが当然と思ってしまいがちなものである。記憶には短期と長期の二種類があるが、このおおまかな分類は、特定の課題や能力に関わる、多種多様できめ細かいたくさんの種類の記憶があることを覆い隠してしまう。記憶のこうした細かい区別は、高齢の人々にとってとりわけ重要である。彼らは、出来事の記憶が消えつつあっても、場所や決まった手順を覚えたり、新しい運動技能を学習したりすることならまだできる。また、脳の小さい領域における損傷が、きわめて特定の種類の記憶にのみ影響するといったこともある。とはいえ、最も劇的で、意識について考えるうえで最も興味深い記憶喪失はといえば、それは前向性健忘症である。

前向性健忘症はふつう、海馬(大脳辺縁系の一部)が損傷したときに起こる。アルコール中毒によるコルサコフ症候群とか、手術や病気、あるいは脳の酸素が奪われるような事故などによって海馬が損傷を受けると、すでに持っていた短期記憶と長期記憶は保たれるが、新しい長期記憶を形成する能力は失われる。それゆえ、残りの人生は、数秒間の現在がたえずめぐってきては消え去っていくといったものになってしまう。

H・Mはこれまで研究されたなかで最も有名な健忘症の症例の一つである。彼は一九五六年に、重いてんかんを抑制するために、最後の望みをかけて両方の脳の海馬を摘出する手術を受けた。その結果、重い健忘症になってしまった。彼は新しい技能を習得したり、一定の刺激を以前よりすばやく識別したりすることができるようになったが、いつも、その課題を以前にもやったことがあるとは認めなかった。また、C・Wは脳炎によって記憶を失った音楽家であった。彼は、病を患ったあとも、音楽を楽しみ、楽譜を初見で演奏し、合唱団を指揮することもできた。しかし彼は、リハーサルをはじめ、病気になってから起こった出来事のいっさいを思い出すことができなかった。

脳神経科学者のオリヴァー・サックスは、ジミー・Gとの出会いについて書いている。ジミーはコルサコフ症候群のため、四十九歳になってもまだ自分が十九歳で、海軍を離れたばかりだと思っていた。サックスは好奇心から、ジミーに鏡に映った彼自身の姿を見せてみた。だが、ジミーが髪の白くなった自分の顔を見て、わけがわからずおびえて半狂乱になってしまうと、サックスはすぐに自分のしたことを後悔した。そこでサックスはすぐジミーを窓辺に連れて行った。ジミーは子どもが外で遊んでいるのに気づいた。するとおびえは静まり、彼は微笑みだした。サックスはそっと立ち去った。彼が戻ってくると、ジミーはまるで初対面であるかのように彼に挨拶したのであった。

重い健忘症になるというのはどんな感じなのだろうか。H・MとC・Wは、完全に意識があるのだろうか。彼らは、私たちとは違う仕方で意識があるのだろうか。それともほかの可能性があるのだろうか。もし意識を検出したり、計測したりできれば、あるいはきちんとした定義を与えることさえできれば、明確な答えが手に入るだろう。だが、私たちにできるのは、人々の振舞いを観察し、彼らの言葉に耳を傾けることだけだ。観察からは、彼らがある意味では明らかに意識があることがわかる。彼らは目覚めており、注意力があって、世界に関心を持ち、どのように感じるかを言葉にすることができる。だが、ほかの意味では、彼らの経験は私たちのものと大きく異なっている。

C・Wは日記に同じ言葉を何度も何度も書いている。「私はいま、はじめて気がついた」、と。ほかの健忘症の人々も繰り返し、「私はいま目が覚めた」と述べている。私たちが夢を見たり考えにふけったりしたあとに感じるような、突然気がついたときのあの鮮やかな感覚は、おそらく誰もが知っているだろう。この目覚めの感覚は、周囲にあるものの美しさによって、また、偶然耳にした言葉やコメントによって、あるいは、「私はいま意識があるだろうか」と自分に問いかけることによってさえ誘発されるだろう。原因は何であれ、その瞬間は奇妙で特別な一瞬となる。だが、二度と思い出すことのできない、絶え間ない目覚めが続くような人生を生きることがどのようなことかを想像してみてほしい。

このような症例は、意識の連続性について考えるきっかけを与えてくれる。健忘症者たちは、ほかの人たちと同じように、意識の統一された流れとしていま現在を経験するかもしれないし、自分の経験はある瞬間からつぎの瞬間へと連続しているとさえ感じるかもしれない。だが、彼らは昨日が今日に変わるという感覚や、過去を踏まえて未来のために計画を立てるといった感覚を持つことができない。もし何らかの内的な自我や魂、精神といったものの存在を信じるならば、このような事実は非常に扱いにくい。どこかにほんとうの自我があって、すべてを覚えているが、たんにそれを損傷した脳に伝えることができないだけなのだろうか。魂や自我も、脳が物理的損傷を受けたのとちょうど一緒に傷ついてしまったのだろうか。もっと見込みがありそうなのは、連続的な意識的自我が存在するという感覚が、十全に機能する脳によってある仕方で作り出されているという考えであるが、そうだとすれば、いったいどのような仕方で作り出されているのだろうか。

これらの症例は、経験がどのようにして脳と関係しているのかについて考える手助けとなるだろう。また、さらにいっそう奇妙な種類の脳損傷もあり、それらは意識の統一性という考えそのものに疑問を投げかける。

見ずに見る

D・Fは視覚の形状失認の患者である。彼女は、基礎的な視覚能力と色覚が正常であるにもかかわらず、ものの形や輪郭を目で見て認識することも、単純な線画を見て何が描いてあるかを言うことも、文字や数字を認識することもできない。しかし、彼女は日常的に身近にあるものに手を伸ばしてつかむことができる。それらのものが何なのか言うことができないにもかかわらず、動作の正確さは驚くべきものである。

ある興味深い実験で、D・Fは手紙を投函する穴のようないくつかの細長い隙間を提示され、隙間の向きに線を引くか、もしくは線分の方向を隙間の向きに合わせるように求められた。彼女はどちらもまったくできなかった。しかし、一枚のカードを渡されると、彼女はすぐにそれを隙間の向きに合わせ、そのなかに入れることができたのである。

一見すると、D・Fは見るという経験を実際に持つことなしに、見ることができるように思われるだろう(というのも、カードを穴に入れることができるから)。つまり、視覚的ゾンビのように、彼女においては、視覚と意識が乖離しているというわけである。この結論は視覚と意識にかんする私たちの自然な考え方に基づいているが、それは誤りであることがすでに研究によって示されているのである。

おそらく視覚についての最も自然な考え方は、つぎのようなものであろう。まず情報が目に入り、脳によって処理される。その結果、私たちは世界の像を意識的に見ることができるようになり、それゆえ世界に働きかけることができるようになる。つまり、私たちはあるものを意識的に見ることによってはじめて、それに働きかけることができるようになるというわけである。しかし、脳がこのように構造化されていないことは、すでに明らかになっている。もし脳がこのようなシステムだったら、私たちは生き延びることができないだろう。実際には、(少なくとも)互いに異なる機能を持った二つの異なる視覚経路が存在するのである。

まず腹側経路だが、これは第一次視覚皮質から側頭皮質へと至る経路であり、世界の正確な知覚を組み立てることに関わっている。だが、それは時間のかかる作業である。そこでこれと並行して、背側経路が頭頂葉に至り、すばやい視覚‐運動制御を行う。これは、視覚に導かれたすばやい行為、たとえばサーブを返したり、ボールを取ったり、飛びのいて障害物を避けるといった行為が、ボールや障害物を認識するはるかまえに起こっていることを意味している。こうしてD・Fの症例が納得のいくものになる。この症例は、視覚と意識の乖離ではなく、行為と知覚の乖離とみなすのが一番よい。彼女は視覚的知覚を生じる腹側経路の大部分を失ってしまったが、正確な視覚‐運動制御に必要な背側経路はまだ残っている。彼女の状態がおおむねそうであることは、ほかの多くの研究によって確かめられており、それらの研究からすると、視覚にかんする私たちの自然な考え方は誤っているにちがいないと考えられる。

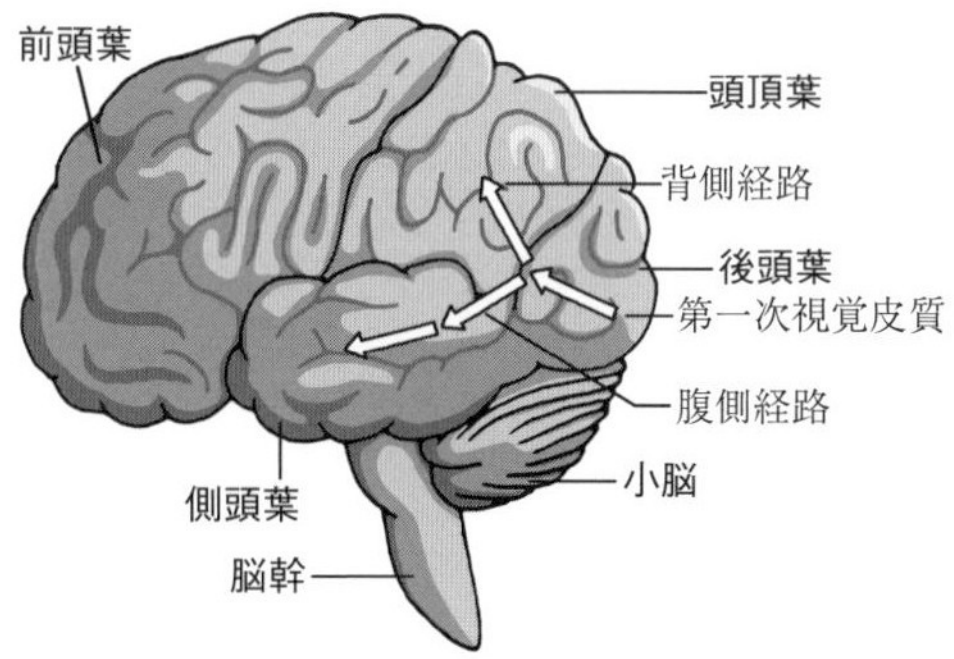

図7 2つの視覚経路．腹側経路は知覚に，背側経路はすばやい視覚-運動制御に関わっている．

一九七〇年代には、オックスフォードの神経心理学者ローレンス・ヴァイスクランツによって、いっそう奇妙な発見がなされた。彼はV1と呼ばれる第一次視覚皮質に損傷を受けた患者D・Bを対象として研究を行っていた。V1は、視覚世界の地図となるように神経細胞が配置されており、そのためこの部分が傷つくと、盲領域ないし暗点ができてしまう。つまり、まっすぐまえをじっと見ると、世界のなかに何も見えない部分が生じてしまうのである。ふつうの生活では、たえず眼を動かすことができるので、暗点があっても大した問題にはならない。しかし、実験によって簡単に実証できるが、このような人々の盲領域にものや絵を置いてやると、彼らはそれが見えないと言うのである。

さて、奇妙な発見というのはつぎのことである。ヴァイスクランツはD・Bの盲領域に、異なるさまざまな角度の縞模様を映したディスプレイを置き、縦縞か横縞かを尋ねた。当然ながらD・Bは、縞など見えないので、わからないと答えた。だが、ヴァイスクランツは彼に当て推量で答えさせた。その部分は見えないのだと言いながらも、D・Bは縞の向きを推測した。そして、彼は全体の九〇パーセント近く正解を言い当ててしまった。つまり、彼は見えないと主張していたが、それでも実験データは彼が見えていることを示したのである。ヴァイスクランツは、この矛盾した状況を「盲視」と呼んだ。

これに続き、ほかの盲視患者たちにたいしても多くの実験が行われ、同じような結果が得られた。意識的に何かが見えていることを否定しつつも、盲領域のなかにある対象に眼を向けたり、対象の位置を指差したり、対象や光の動きをまねたりすることのできる患者たちがいた。刺激にたいして瞳孔拡大やそのほかの情動的反応を示す患者たちや、自分では「見え」ないと言う刺激の色を正しく言い当てることができる患者たちもいた。

一見したところ、盲視は意識の理論の決め手になるようにみえる。議論はこう進むだろう。盲視者は主観的意識なしに客観的視覚を持っている。彼は見ることのクオリアなしにものを見ることができる部分的ゾンビなのである。これにより、意識とは付け足された余分なものであり、視覚の物理的機能とは別なのだということが証明される。つまり、クオリアは存在し、機能主義と唯物論は誤りなのだということが証明されるのである。

だが、ことはそう単純ではない。最も適切に思われる盲視の説明は、つぎの事実によるものである。脳のなかでは、互いに独立し並行する十本程度の経路をとおって、視覚情報が流れている。約八五パーセントの細胞は、網膜から第一次視覚皮質に至る主要な経路を用いるのだが、残りの細胞は、ほかの主要でない経路を用いて、ほかの皮質あるいは皮質下の領域に至る。これらの主要でない経路は、盲視の原因となるＶ１の破壊によっては影響されない。したがって、盲視者の奇妙な能

図 8　盲視患者は，本人が見えないと主張している刺激を正確に推測できる．

力は、おそらくこれらの経路を用いることによって可能となっているのである。たとえば、目の動きを制御する経路が無傷で残っていたとしよう。すると、患者の目が盲領域にある対象を追いかけて動くのは驚くべきことではない。彼は自分自身の目が動いていることを感じ、それによってその場所に対象があると推測することさえできるかもしれない。だが、V1なしでは、彼は対象を認識したり、形や大きさなどの特徴を検知したりすることがどうしてもできない。この意味では、彼はほんとうに盲目なのである。

もしこの解釈が正しいならば、盲視は依然として魅力的な現象ではあるが、意識が視覚のプロセスから切り離せることを決定的に示すわけではない。もしこの現象が、意識について私たちに何かを教えてくれるとすれば、それは単一の視覚経験という私たちの日常的な考え方が、おそらく完全に誤っているということである。そして、視覚経験がどのようにして意識に上るかは、いまだ説明には程遠いままなのである。

3 時間と空間

経験のタイミング

意識が現実世界の事象に遅れて生じるということはあるのだろうか。この奇妙な問いは、一九六〇年代に脳神経科学者ベンジャミン・リベットが始めた研究から生じた。彼の発見から「リベットの遅延」ないし「二分の一秒の遅延」をめぐるさまざまな理論が生まれ、また第6章で見るように、自由意志や責任の問題がどうなるかが探られた。

最初のころのリベットの実験は、必要な手術のために脳の表面がむきだしになった患者たちを相手にして行われた。リベットは患者たちの許しを得て、電極を使って彼らの脳の表面を刺激した。体性感覚皮質と呼ばれる脳の部位には身体の地図があり、その部位の任意の部分を刺激すると、まるで対応する身体部位に触れたかのような感覚が生じることは、ずいぶんまえから知られていた。

また、運動皮質が刺激されると身体のある部位が動き、視覚皮質が刺激されるとものが見える。

リベットは数ミリ秒(ミリ秒は一〇〇〇分の一秒)から一秒余りのあいだのさまざまな時間の長さの電気刺激列を使って、つぎの事実を発見した。すなわち、患者たちは、短時間の電気パルス列を使うと何も感じないが、もっと長い時間のパルス列を使うと何かが腕に触れているかのように感じると言ったのである。患者が「私は感じる」と言うためには、電気刺激が二分の一秒続かなければならないことをリベットは示した。刺激が開始されてから二分の一秒も経ったあとではじめて意識経験が生じたかのようだ。

この奇妙な発見は、意識的感覚をブロックないしはマスキングする技術を使った実験によって裏づけられた。実際に腕に触れた直後に体性感覚皮質を刺激すると、その接触を感じるのが妨げられることはすでに知られていたので、リベットは刺激のタイミングを変えてみた。接触後二分の一秒以上経ってから脳を刺激したときには、患者はまだ接触を感じたが、二分の一秒経たないうちに脳を刺激すると、まるで何も触れていなかったかのように接触感覚は打ち消されてしまった。

じつにわかりやすい解釈(かならずしも正しいわけではないが)は、意識を生み出すには二分の一秒の神経活動が必要だというものである。リベットはこの神経活動を「意識にとっての神経十分性」と呼んだ。これはまったく奇妙である。それが正しいとすれば、意識は現実世界の出来事にはるかに立ち遅れて生じ、それゆえ変化きわまりない世界への反応には役立たないはずだということになる。ここで重要なのは、脳からすれば二分の一秒がどのくらいの長さかを理解することである。

腕への実際の接触による信号は、数十ミリ秒で脳へ到達するが、音はそれより短い時間で到達する。フラッシュ光にたいする典型的な応答時間は、約五分の一秒であるが、それには、光を検出して反応を調整するのに必要な多数のニューロンが活性化するための時間も含まれている。一連の出来事のなかで、意識がこれほど遅く出現することはありえないように思われるが、しかし、これこそリベットの結果が示していると思われることなのである。

これがほんとうなら、どうして私たちはそれに気づかないのだろうか。リベットは「逆行性の遡及」ないし「主観的な時間の繰り上げ」という現象に訴えて説明しようとする。意識が生じるには実際に二分の一秒のあいだ、皮質活動が続かなければならないが、いったん神経十分性が達成されると、事象は時間的に遡って意識よりもまえに生じたとされるので、私たちはその遅れに気づかないのだ、とリベットは論じる。これはありそうなことである。刺激――たとえばフラッシュ光やすばやい接触――が生じると、その直接の結果として、脳には「誘発電位」と呼ばれるものが生じる。リベットの理論によると、私たちが腕への接触を意識的に感知する場合には、神経十分性が達成されるまで、体性感覚皮質の活動が続く。そして神経十分性が達成されると、接触の時刻は遡って誘発電位が発生した時刻とされる。そうでなければ、何も感じない。こうして、意識の遅れにはまったく気づかないのである。

リベットの実験は、もはや繰り返されることはないだろう。なぜなら医学の進歩によって、その種の侵襲的な手術は不要になったからである。だがリベットの実験の結果は、その分野のほとんどの研究者たちによって、ふつうまともなものとして受け入れられている。意見が一致していないのは、その正しい解釈にかんしてである。リベット自身は、実験結果が心と脳の同等性に疑問を突き付けると考える反唯物論者たちの陣営に属している。科学哲学者のカール・ポパー卿(一九〇二—一九九四)や脳神経科学者のジョン・エクルズ卿(一九〇三—九七)のような二元論者たちは、実験結果を非物理的な精神力の存在を支持する証拠とみなし、数学者のロジャー・ペンローズは、実験結果を説明するためには量子論が必要であると主張する。

チャーチランドとデネットは、これらの考えに真っ向から反対する。実験結果がこうした独特な帰結をもたらすように見えるのは、たんに人々が意識についての誤った考えを放棄せず、依然としてデカルト劇場に囚われているからにすぎない、と彼らは論じる。このデカルト劇場こそが、意識の問題を解決不可能と思わせているものなのである。

この反論はもう少し深く掘り下げてみる価値がある。二分の一秒の遅れについてふつうに考えれば、つぎのようになるだろう。腕への接触(あるいはほかの任意の刺激)をきっかけとして、信号が腕の神経を上行して脳に到達する。脳内では、関連領域で情報処理が行われ、最後に情報が意識に上り、人が接触を感じるようになる。そのさい、この考えによれば、二種類の異なる現象があり、それぞれに固有の時間がある。一つは、電気刺激の時刻や特定の脳細胞の発火の時刻のように、計測装置によって測定できる物理的な時刻を持つ客観的事象であり、もう一つは、接触経験が生じる時刻や接触が意識される時刻のように、物理的な時刻とは別の固有の時刻をもつ主観的経験である。

この説明はまったく申し分ないように思われるかもしれない。実際、あなたはその説明が正しいにちがいないと確信するかもしれない。しかし、注意してほしいが、その説明こそ、私たちをありとあらゆる困難へ導くものなのである。一見したところ明白と思われる脳についてのこの考えを受け入れてしまうと、物理的事象が心的事象と対応する脳内のある場所が存在するとか、あるいは無意識的なプロセスが意識的なプロセスに魔術的に変わる時点、すなわち、無意識的なプロセスが「意識的となる」ないしは「意識に上る」時点が存在するとかと考えざるをえなくなる。しかし、それはいったい何を意味するのだろうか。そのように考えてしまうと、まさしくハード・プロブレムや、一見したところ解決不可能な意識の神秘にぶつかることになるのである。

まえに進む一つのやり方は、意識についてのこの自然な見方を死守して問題解決を試みること、すなわち、無意識的プロセスがどのようにして意識的プロセスに変わるのかを説明しようと試みることである。これは量子論やさまざまな種類の二元論、そして実際のところ意識にかんする既存の大多数の科学理論へと至るアプローチである。リベット自身は、脳の細胞集団の物理的活動が十分長く続くと、その物理的活動は一瞬にして無意識的なものから意識的なものへと転化すると主張したが、彼はこの転化がどのようにして、またなぜ起きるのかを説明していない。謎は残されたままである。

これよりもはるかに徹底した代案は、意識経験の時間を計測できるという前提を捨てることである。意識についての自然な見方を放棄することはとても難しいが、別の奇妙ないくつかの事例を参照すれば、この代案はもっと魅力あるものになろう。

時計とウサギ

座って読書をしているときに、ちょうどページをめくると同時に時計のチャイムが鳴っているのに気づいたとしよう。一瞬まえには、あなたはチャイムに気づいていなかったが、いまや突如、その音に気づいたのである。その瞬間、あなたはそれまで耳を傾けていなかった音を思い出して、聞いてはいなかったチャイムの数をかぞえることができる。すでにチャイムは三回鳴っており、そのあと続けて耳を傾けることによって、あなたはいま、六時であることを知る。

この例では、自分がチャイムの数を正確に数えていたかどうかを確認することができるから、とくに効果的な例だといえるが、同様のことが背景のノイズ一般にかんしてつねに生じている。突然、あなたは道路を掘り返す騒音に気づくことがあるだろう。その瞬間まで、あなたはその騒音に気づいていなかったのだが、いまでは、その騒音に気づくまえにどのような音が聞こえていたのかを思い出せるような気がする。それはまるで、たとえあなたが耳を傾けていたのではなかったとしても、誰かが最初からずっと耳を傾けていたかのようである。こうした経験はとてもなじみ深いものなので無視されがちだが、もう少し注意深く考えてみる価値がある。

時計の例をふたたび取り上げてみよう。意識についての日常的な見方が正しいなら、私たちはどの経験が意識の劇場や流れのなかに存在し、どの経験が存在しないのかを言うことができるはずである。では、時計が鳴らす最初の三回の「音」についてはどうであろうか。それらの音ははじめから意識の流れのなかに存在した（意識されていた）と言うなら、あとになってはじめてそれらの音は意識されることになったという明確な印象が説明できない。他方で、それらの音は意識の流れの外にあった（意識されていなかった）と言うなら、それらの音が意識されることになったときに何が起きたのかが説明されなければならない。それらの音は四回目の音が聞こえるまでは意識されておらず、そのあとで主観的に時間を遡って参照されたのだろうか。リベットなら、そう言うかもしれない。それらの音の記憶は何らかの無意識状態で保持されていて、あなたの注意が切り替わったときにはじめて意識的なものに切り替えられたのだろうか。ここでの切り替えが何を意味するのかを説明することの困難さはさておくとしても、このように考えると、かなり奇妙な種類の意識の流れができることになる。なぜなら、いまやその流れは、私たちがずっと意識していたものと、回顧的に意識のなかに引き寄せられたにすぎないものとの混ぜ合わせということになるからである。

ほかの多数の例もこれに劣らず奇妙である。人々の話し声が飛び交う騒がしい室内であっても、背後の誰かが「昨日、ジェレミーが何て言ったと思う、スーのこと……彼女……」と言ったので、突然、あなた（名前はスー）の注意が切り替わるかもしれない。あなたは耳をそばだてる。スーという名が聞こえた時点であなたには、そのまえから自分が文の最初の部分に気づいていたように思えてしまう。しかし、ほんとうにそうだったのだろうか。あなたの名前が出てこなかったら、あなたはその文の最初の部分にまったく気づかなかっただろう。それが事の真相であろう。そうだとすれば、その文の最初の部分は意識の流れのなかにあったのか、それとも外にあったのか。

実際、この問題はあらゆる発話に当てはまる。文の始まりが理解可能になるためには、それに先だってあなたは文を聞きながら、次々と多くの情報を集積していく必要がある。その全体の進行中に、何が意識の流れのなかにあったのか。無意味なノイズやわかりにくい音列だけか。半分くらい過ぎたところで、わかりにくい音列からはっきりした言葉に切り替わったのか。そのようには感じられない。むしろ最初からずっと有意味な文に耳を傾けて聞いていたように感じられる。しかし、それはありえないのである。また、一つの単語や、コマドリのさえずりに耳を傾けたとしよう。さえずりが完結してはじめて、あるいは単語の発話が終わってはじめて、あなたは何を聞いていたのかを知ることができる。それよりもまえの時点では、いったい何が意識の流れのなかにあったのだろうか。

「皮膚上のウサギ」と呼ばれる巧妙な実験は、問題をきわめて明瞭に示してくれる。この実験では、被験者は腕を伸ばし、実験者がその腕を軽く叩く。その間、被験者は腕から目をそらせておく。もともとの実験では軽く叩く装置が使われたが、先の尖った鉛筆で注意深く叩くことによって、同じ効果が得られる。決定的に重要なことは、正確に同じ時間間隔、同じ強さで、手首を五回、肘に近いところを三回、そして肩に近いところを二回叩くことである。

これは、被験者には、どのように感じられるだろうか。じつに奇妙なことだが、三カ所に分かれてではなく、すばやく連続的に手首から肩まで叩かれるように感じるのである。まるで小さなウサギが跳ねながら腕を駆け上っていくようであり、それゆえ「皮膚上のウサギ」と呼ばれるのである。

この効果は奇妙であり、人々の笑いを誘うが、それが提起する問題は深刻である。まだ肘が叩かれていないときに、二回目、三回目、四回目に叩かれるはずの場所を脳はどのようにして知るのだろうか。叩かれるのが何回目であっても、それ(たとえば四回目)は意識されるか、されないか(意識の流れのなかにあるか、外にあるか)のいずれかでなければならない、という自然な考えに固執するなら、あなたはたいへんな混乱に陥る。たとえば、三回目は正確に叩かれたその場所、つまり手首で意識的に経験されたが、六回目が叩かれたあとにこの経験の記憶が消されて、手首と肘の途中が叩かれたという意識的な経験に置き換えられると言わなければならなくなるだろう。この考えを好まないなら、意識はしばらくのあいだ待たされる——すなわち、すべて叩き終わってから、どこが叩かれたかが決定さ

図 9 皮膚上のウサギ．実験者は手首を 5 回，肘を 3 回，上腕を 2 回すばやく叩くが，被験者には，小さな動物が腕のうえをちょこちょこ走っているように感じられる．肘がまだ叩かれていないのに，脳は 2 回目から 4 回目までに叩かれるはずの場所をどのようにして知るのか．もとの感覚はあとで書き換えられて，遅れて意識に上るのか．それとも別の何かが起きているのか．

れる——というほうを好むかもしれない。この場合、六回目が叩き終わるまで、四回目は意識されないままであり、そのあとで時間的に遡って参照されて、意識の流れのなかでしかるべき場所に位置づけられたということになる。

またしても私たちは、これらの問題に取り組むか、それとも意識経験の流れという自然な考えを放棄するかという、不愉快な選択に直面したようだ。

無意識的な運転

注意とは何か。よく知られているように、一八九〇年にウィリアム・ジェームズは、「注意が何かは誰でも知っている」と宣言した。しかし、そのあとの多数の議論や幾千もの実験のあとでは、注意が何かを誰も知っていないように思われる。しかも研究すべき単一のプロセスは存在しないとさえ思われるのである。注意は一見したところ、明白で理解しやすそうな意識の側面の一つだが、考えれば考えるほど奇妙なものである。

ごく自然に考えれば、注意はあるものを照らして、それ以外のものは闇のなかに置いたままにしておくスポットライトのようなものであろう。このスポットライトは、意志に反して、大きな物音や誰かが私たちの名前を呼ぶことによって向きを変えることもある。しかし、私たちは注意を自ら方向づけて、まず読書中の本について考え、それから一、二分のあいだ、窓の外を見るようにするといったことができることもある。注意を方向づけるこの能力は、私たちにとって重要であるだけではなく、私たちの意識にとっても重要であるようにみえる。つまり、何に注意を向けるべきかを、私たちは意識的に決定しているようにみえるのだ。だが、ほんとうにそうだろうか。

脳のなかで進行していることを考えると、この自然な考えはじつに理解しにくいものとなる。脳には知覚と思考を協調させ、私たちの行動を制御する、並列して進行する無数に多くのプロセスがある。おそらく注意についての最も良い考え方は、脳の資源を配分するシステム、あるいはシステムの集まりとして注意を考えることであろう。たとえば、私が会話に集中しているときには、聴覚や言語に関係した脳部位にたいして、視覚や触覚に関係した部位よりも多くの処理能力があてがわれる。私の注意がゲームを見ることに向いているときには、視覚にたいしてより多くの処理能力があてがわれる。

さて、私たちは何が資源のこの配分を指揮しているのかと問うかもしれない。心理学者たちは幾千の実験を行い、さまざまな刺激がどのようにして注意を方向づけるのか、注意はどのようにして分割されるのか、その最中には脳のどの部位が活動するのかを示してきた。しかしその場合、意識の役割はどこにあるのか。意識的にうまくショーを指揮しているというはっきりした感じが私たちにはあるが、それに対応するのは脳のどんな活動だろうか。これは、意識と注意の関係が明白とは言えないたくさんの理由のほんの一つにすぎない。注意を理解するうえで大きな進歩が見られたにもかかわらず、注意を意識と関係づける広く受け入れられた理論は存在しない。意識と注意を同一

図 10 注意のスポットライト．私たちは，意識的な決定を行うことによって，自分自身の注意のスポットライトをいまはここ，つぎはそこへと向け変えるディレクターのようなものなのだろうか．

視する理論家がいる一方で、意識と注意がまったく異なった現象だと主張する理論家もいる。注意なしには意識は存在できないと主張する人もいれば、それに同意しない人もいる。

無意識的な運転という現象は、この問題を生き生きと示してくれる格好の事例である。熟練のドライバーは誰でも、おそらくこの奇妙な経験を持っているだろう。通勤や通学、あるいは友人宅の訪問のために慣れ親しんだ道を走り始め、しばらくするとあなたは、運転しながらほかのことを考え始める。すると、あっという間に目的地に到着する。自分が運転してきたことは確かにわかっているが、運転については何一つ思い出せない。完全に目が覚めていたのに、まるで運転をまったく意識していなかったかのようだ。

この場合、何が起きているのか。あなたは運転に注意を向ける代わりに白昼夢に耽っていたというのが、一つの案である。しかし、注意が処理資源に関わるものだとすると、これは本当ではありえない。運転は単純な課題ではないし、多くの処理資源が運転に配分されていたはずである。その道すがら、おそらくあなたは何度か赤信号で停車し、信号が青に変わったときにふたたび発進して、交差点をうまく通過し、前方車両との車間距離を保ち、丘や坂道ではアクセルを踏んで速度を調節し、速度制限の標識を見たときには減速し、車線を譲ってくれた人に感謝して手で合図しただろう。これらはすべて熟練を要する課題である。つまり、それらのためには、視覚、聴覚、運動制御、意思決定などの複雑な協調が必要とされる。だから、重要なことは、あなたの脳が課題にまったく注意を払っていなかったということではなくて、脳はそれを自動的に行い、あなたはそれに気づいていなかったということなのである。あたかもいっさいの活動があなた抜きで進行したかのようである。

私たちはこのことをどんなふうに理解することができるだろうか。劇場や流れといった例の比喩に訴えてその違いを描写するのが、容易で自然なことであろう。意識的な場合には、信号の変化、丘、カーブ、ほかの車といったものがすべて、私たちの心の劇場に陳列され、意識の流れのなかで経験されたが、無意識的な場合には、白昼夢が代わりにその劇場で演じられ、信号やカーブや車は意識の流れのなかに登場しなかったのである。

この考えを脳のなかで進行していることと関係づけようとすると、そのときはじめて問題が現れてくる。運転の小さな一コマ、たとえば、信号が赤に変わるのを見て停車するときを考えてみよう。意識的な場合にも、無意識的な場合にも、視覚皮質、計画を行う前頭葉の部位、手足の運動を協調させる運動皮質では、多数の処理が進行していたはずである。いずれの場合にも、あなたはうまく停車できたが、一方の場合には、この活動のいっさいが意識され、他方の場合には、意識されなかった。何が違っていたのか。

すでに見たように、脳のなかには、自我がショーを見る中央スクリーンや、意識的なものを生じさせる中枢処理装置は存在しないが、何らかの重要な違いがなければならない。それは何なのだろうか。これが説明できなければ、いかなる理論も生き残れないだろう。そろそろ、最もよく広まった理論をいくつか考察して、それらがこの魔術的な違いをどう処理しているのかを見ておくのがよいだろう。

意識の諸理論

意識の謎を解決したと主張し、その理論を教えたいと思う人たちから、私は多くの手紙や電子メールを受け取る。そこに記された大半の理論は二つのグループに分けられる。一つは、肉体とは別個の心や魂や精霊を提案する二元論的な理論であり、もう一つは、現代物理学の驚嘆すべき事実を持ち出す理論である。

二元論（心と身体は別だという考え）は私たちの意識の感じ方とじつによく合うので、いつも魅力的である。しかし、二元論が正しいと考える哲学者や科学者はごく少数である。現代のほぼ唯一の例外は、一九七〇年代にポパーとエクルズが提案した二元論的な相互作用説である。彼らは、無意識的で物質的な脳とは別の、非物質的で自己意識的な心の存在を支持する。この心は、約百兆ものシナプス（ニューロン間の接合部）で行われる精妙なバランスのとれた相互作用を通じて、脳に影響を与える。ポパーとエクルズの理論なら、無意識的な運転を簡単に説明できる。なぜなら、非物質的な心は白昼夢と関係した脳部位とだけ関わりを持ち、視覚や運転と関係した部位とは関わりを持たないと言えばよいからである。だが、ほかの種類の二元論にも共通することだが、これでは（まさしく自己意識的な心の性質とみなされている）主観的経験がどのようにして生じるのかは説明されていないし、相互作用がどのようにして行われるのかも説明されていない。

私が出会った二元論的な理論はすべて、同じような問題に直面する。脳と異なる心は、意識するという仕事を行うために考え出されたが、その心が世界や脳とどう相互作用するかは、魔術以外には説明のしようがないのである。

現代物理学に基づく理論は別のアプローチをとる。量子物理学では時間は非局所的で特異な振舞いをするが、それとの類比で意識に見られる時間を説明しようとする理論もあれば、量子力学の波動関数の収縮を説明するために意識的な観察者が必要であるという、異論の余地のある考えに依拠する理論もある。しかし、最もよく知られているのは、微小管での量子計算に基づく理論である。すべての脳細胞に見いだされる小さな微小管は、通常考えられているような単一の構造体ではなくて、量子コヒーレンスおよび脳全域の量子結合を許すようにデザインされている、と麻酔医のスチユアート・ハメロフと数学者のロジャー・ペンローズ卿は論じた。これによって、意識の統一性や自由意志の可能性、並びにリベットの奇妙なタイミング効果が説明されると彼らは主張する。ここでのほんとうの問題は主観性にある。量子計算が脳において実行されていたとしても（これ自体がきわめて議論の余地のあるものだが）、これによっては、どのようにして私秘的な主観的経験が出現するかは依然として説明されないままである。多くの人たちが、意識の量子理論は一つの謎をいま一つの謎に置き換えたにすぎないと結論づけている。

ほかの、私がいまから論じる理論はすべて、伝統的な哲学や脳神経科学に基づいている。たとえば、哲学における「高階の思考」(higher-order thought，ＨＯＴ)理論がそうである。それらの理論はつぎのように提案する。すなわち、感覚と思考が意識されるのは、「私はそれらの感覚や思考を意識する」という内容をもった高階の思考を人々が持つときにかぎる。それゆえ、たとえば、運転者の赤信号の知覚が意識されるのは、自分が赤信号を見ているというＨＯＴを伴うときだけである。すなわち、どのような特殊な意識ニューロンにも訴えずに、ＨＯＴ理論は魔術的な違いを説明するのである。意識的な思考とは、その思考についてのＨＯＴを伴う思考である。ＨＯＴ理論は奇妙なタイミング効果のいくつかも容易に処理する。なぜなら、高階の思考を形成するには時間がかかるからである。しかし、ＨＯＴ理論は、ＨＯＴを持つことができない動物にたいしては意識を否定することになる。また、深い瞑想のような状態を説明できない。というのも、そのような状態にある人は、自分たちがまったく何も考えていないのにきわめて意識的であると主張するからだ。無意識的な運転という現象にかんして言えば、ずっと「私はいま白昼夢を見ている」と考えていたと想定しないかぎり、それを説明することはできないのである。

もっとしっかり心理学や脳神経科学に基礎を置いた理論がある。それは、一九八〇年代に心理学者バーナード・バースによって最初に提案されたグローバル・ワークスペース理論である。この理論は、一度に数項目だけ処理できるグローバル・ワークスペースというものを中心として、脳は機能的に組織されているという考えから出発しており、劇場の比喩にはなはだしく寄りかかっている。劇場の比喩では、ある時点において意識のなかにあるごく少数の項目は、舞台の中心で明るいスポットライトを浴びているものに相当する。これらは注意のスポットライトによって照らし出され、それらを取り囲む周辺部はあまり意識的でない。舞台の彼方には、舞台上で生起する事象を形づくる数多くの無意識的な文脈システムとともに、暗がりに座る無意識的な観客がいる。

グローバル・ワークスペース理論によれば、事象が意識的となるのは、その事象がグローバル・ワークスペース内で処理され、残りの(無意識的な)システムに放映されることによってである。たとえば、あなたが意識的に運転しているときには、赤信号やほかの車についての情報はグローバル・ワークスペース内で処理され、脳の残りの部分に放映される。こうして、その情報はそれを発話したり記憶にとどめたりすることが可能となる。あなたのワークスペースが白昼夢で一杯なときには、信号やほかの車は周辺に、さらには暗がりに追いやられてしまって放映されない。

この理論の長所は、どのことがらが意識的なのかをはっきり述べている点である。ワークスペー

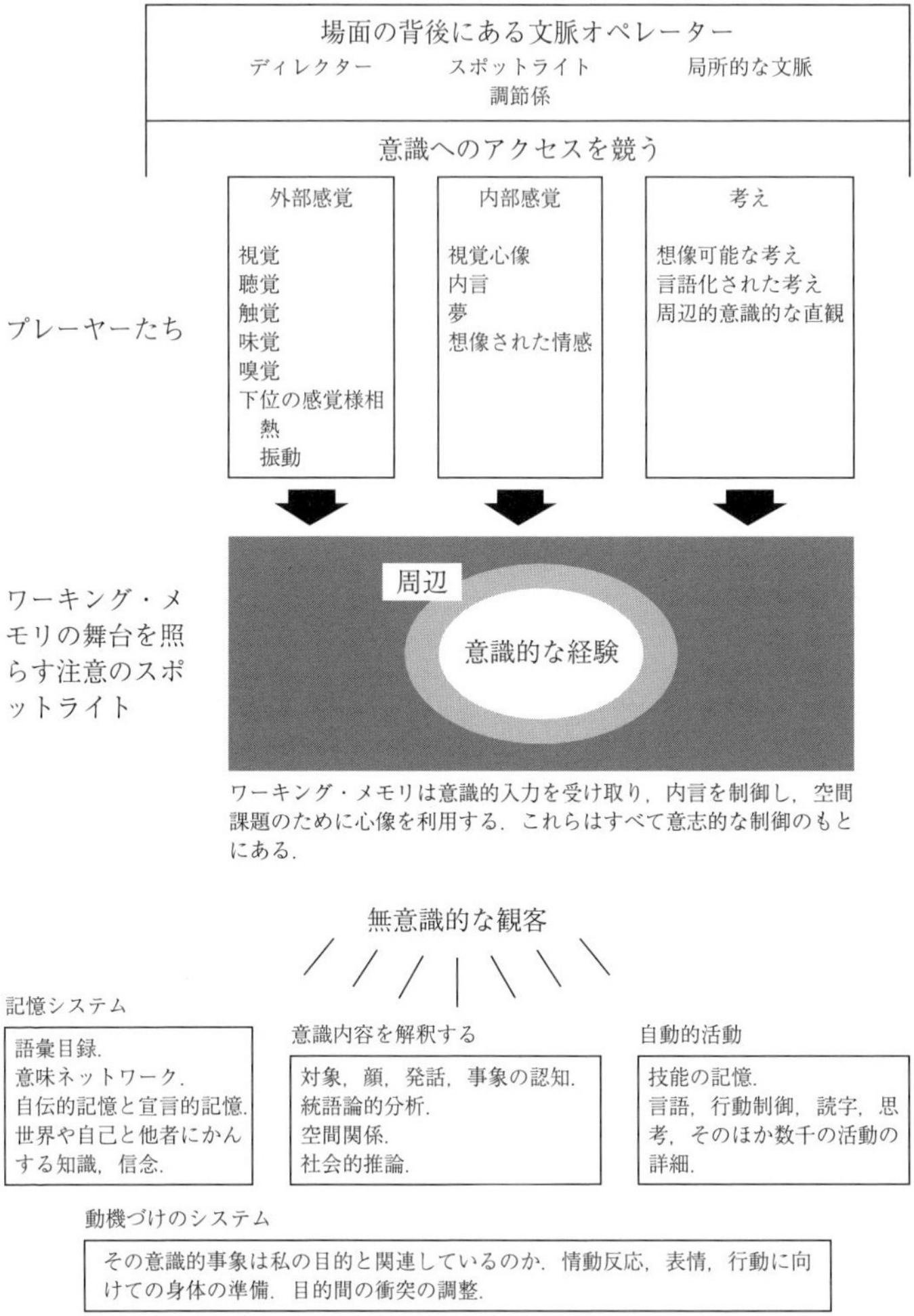

図 11　グローバル・ワークスペース理論．バースによると，意識内容とはグローバル・ワークスペースの内容であり，このワークスペースは心の劇場のなかの明るく照らされた舞台に相当する．

スに属していて、グローバルに利用できるものが意識的だと、それは明言している。しかしこの理論では、なぜ無意識的な観客に放映され、グローバルに利用できる情報がその結果として意識的となり(つまり、経験されるものとなり)、それ以外の情報が意識的とならないのかを説明することが困難である。実際、主観性という中心問題は相変わらず謎のままである。

これはおそらく既存の理論の大多数に当てはまるだろう。たとえば、神経生物学者のジェラルド・エーデルマンとジュリオ・トノーニは、ニューロンの大集団が脳のなかに時間的に変化する核を形成し、視床と皮質のあいだに双方向的な回路が形成されるとき、意識が出現すると提案する。薬理学者のスーザン・グリンフィールドは、意識が程度差を許さない現象ではなく、ニューロンの集合体、つまり互いに結合して一緒に働くニューロンの集まりがその規模を大きくするほど、意識も強くなると提案する。その通りかもしれない。しかし、大規模な神経回路網が適切に組織されると、なぜ神経回路網は主観的経験を生じさせるのだろうか。これらの理論はその理由を説明していないのである。

彼らは最終的にはそれを説明するかもしれないし、意識と関係する神経構造を提案し、それらがどう働くかを見いだそうとするのは、まったく健全なやり方である。エーデルマンとトノーニは、ニューロン集団の性質が意識の性質とどう関係するかという観点からこれを行おうとしている。このやり方はもちろん最終的にはうまくいくかもしれないが、これまでのところでは、いかなる理論も主観的経験の根本的な謎を解くことができていないと私は言いたい。これらの理論はすべて、どの時点でもごく少数のものが意識の劇場ないしは流れの「なか」に存在し、それ以外のすべてのものはそのなかに存在しない、という基本前提を受け入れているが、およそどのような種類の脳活動であれ、どのようにして客観的な脳活動が意識経験の流れを生じさせるのかをうまく説明するのに成功していないのである。

意識の劇場を説明することをそもそも止めようとするまったく異なるアプローチもある。ただし、このアプローチでは、神秘主義者になったり、私たち弱い人間はそのような偉大な謎をけっして理解することができないと言ったりするのではなく、その代わりに意識の劇場は幻想であると主張するのである。これまでに見たように、デネットは、デカルト劇場が存在しないと主張した。彼はその多重草稿理論においてさらに踏み込んで、心は劇場のようなものであるという考えや、私の意識のなかにあるものとそうでないものがあるという考えを完全に捨て去る。デネットによれば、脳はつねに世界の多重並列的な記述を処理しており、それらの記述はどれ一つとして、意識の「なか」にも「外」にもない。ある仕方でシステムに探りが入れられたときに、たとえば、何かを意識しているかと尋ねられたり、刺激に反応させられたりするときに、人は自分が何を意識しているのかを

あなたはいま何を意識しているのか

あなたは自分の意識のなかに何があるのかを正確に知っていると確信しているかもしれな

いが、ほんとうに知っているのだろうか。私は多年にわたって学生たちに、一日に数百回、徐々に難しくなる一連の問いを自問するように言ってきた。すなわち、「いま私は何を意識しているのか」、「いま誰が意識しているのか」、「私はそれを意識的に行っているのか」といった問いを自問させたのである。たいていの学生たちは、自分がつねに意識していると確信している状態から、深刻な疑いを持つ状態へと変わっていった。彼らはそのような問いを問うことで、変化が生じてくることに気づくのである。

「一瞬まえには私は何を意識していたのか」という問いはとくに興味深い。そして私は多くの時間をその考察に費やしてきた。ほんとうに意識の流れというものが存在するなら、私はあれではなくてこれを意識していたという、一つの確定した答えがあるはずである。しかし、真剣に調べ始めるやいなや、あなたは自分を振り返って、いくつかの異なる出来事の流れのなかから、そのいずれをも取り上げることができるのがわかる。たとえば、乗り物の騒音や呼吸の感じ、草の見え方など、どれでも自分が意識していたものとして取り上げることができる。最初は、一つの流れを取り上げることは、それ以外の流れを追い出すことであるように思われるが、実行していくうちに意識が変わる。つまり、つねに同時に多数の流れが進行中であり、そのどれも、捉えられるまでは、ほんとうは意識の「なか」にはないことがはっきりしてくるのである。

意識の探求は意識そのものを変えることがあるのだろうか。そうだとすれば、私たちは容易に思い違いをするかもしれないし、またその思い違いを容易に投げ捨てることができるようになるかもしれない。

決定して、それを告げる。しかし、その時点まで、告げられたものが「意識のなか」にあったのか、そうでなかったのかにかんする事の真相など、何も存在しないのである。

この理論はひどく直観に反している。それは、自分が何を意識しているのか——つまり、どのクオリアを経験しているのか——を、私たちが皆つねに正確に知っているという確信を否定するのである。しかし、この理論には、本章で出会った奇妙なタイミング効果をきわめてうまく処理するという長所がある。リベットの遅延が出現するのは、言葉による探りにたいして情報を利用できるようになるには時間を要するからである。時計のチャイム、そしてドライブは意識のなかにも外にも存在しないのだから、問題は生じない。しかし、この理論は、私たちが説明しようとしているまさにその現象を捨て去ってしまうことになるのではなかろうか。まさにそうだと考えて、デネットは意識を「解消する」と言って非難する人たちがいる。

私はこの人たちに同意しない。「意識」と呼ばれ、説明を要する何かが明らかに存在する。しかし、私たちが経験の統合された流れだと考えているものは、ほんとうにそのようなものなのだろうか。私たちは、自分の意識のなかにいま何があるかを知っているという考えを放棄し、自分自身の心について深刻な勘違いをしているかもしれないということを認めなければならないのではなかろうか。私はそう思うのである。

4　壮大な錯覚

錯覚の本性

意識は錯覚だろうか？　私たちが自分自身の心をひどく誤解しているかもしれないという可能性は、いろいろな形で現れる。たとえば、自由意志は錯覚である、デカルト劇場は錯覚である、自己は錯覚である、生き生きとした私たちの視覚世界の豊かさも「壮大な錯覚」であるといった具合に。最初に、この「錯覚(illusion)」という言葉を明確にしておこう。辞書ではつぎのように定義されている。

見かけによって欺かれ勘違いさせられた事実や状態……誤った概念や考え。幻覚、妄想、空想。（ＯＥＤ）

あるいは、

客観的に存在するものを、その現実の本性を誤解させる仕方で知覚すること。
（ウェブスター）

別の言い方をすれば、錯覚の対象は、存在はするけれども、見かけ通りのものでないということだ。

よく知られているのは、図12のような錯覚である。実際には二人は同じ大きさなのに、恐ろしげな大男が怯える小男を追いかけているという印象をトンネルが作り出している。この単純な錯覚が成立するのは、奥のほうへとのびていくトンネルが見えるため、一方の人が他方の人よりも遠くにいるように見えるからである。視覚系のメカニズムは自動的に、遠くにいる人を近くにいる人より大きいと結論する。この錯覚やそのほかの多数の錯覚では、たとえトリックがどのようにして成立するのかを知って、もう騙されないぞと気をつけたとしても、どうしても一方の人が他方の人より大きく見えてしまう。

図12　錯覚の対象は見かけ通りでない．この錯覚では，上の男は下の男よりも大きく見える．だが，どちらも同じ大きさなのである．

意識全般についても、これと同じことが言えるだろうか。つまり、意識は存在はするけれども、通常考えられているようなものではないと主張できるだろうか。できるとすれば、意識について私たちが通常抱く考えは間違いであり、私たちはそれらの考えを捨て去るべきだということになる。

この見方は役に立つかもしれない。なぜなら、私たちが意識を理解しようとするとき、意識についての通常の考えは間違いではないかという問題に直面するからである。

この見方を追求するには、まず、意識がどのようなものだと思われているのかを考察し、つぎに、それがなぜ間違いだと言えるのかを考えなければならない。まず、心を劇場とみなしたいという考えに私たちは強く引かれる(この考えがなぜ誤っているかはすでに考察した)。また、意識がある種の力や能力であり、きわめて賢明なことやひどく難しいことを行うためには、意識が必要だという考えにも私たちは引かれる。この考えによく合う事例は、創造的な思考や意思決定、問題解決であろうが、じつは、こうした活動がときに最も適切に遂行されるのは、無意識的な場合であることがすでに明らかになっているのである。

簡単な例がある——子どものなぞなぞ

ある晴れた日、私は野原を歩いていました。すると、古いスカーフ、一本のニンジン、そして二個の石炭が草の上に落ちているのを見つけました。それらはどうしてそこにあったのでしょうか。

すぐに解けないなら、あなたは当然そのなぞなぞと格闘することになる。つまり、あれこれ考えをめぐらし、意識的に答えを導き出そうとして、その光景のリアルで生き生きとしたイメージを眼前に思い浮かべたりして全力を尽くすことになる。ひとたびわかってしまえば、答えはほんとうに明々白々である。まだ答えがわからないのなら、問題を「潜伏」させておき、そうすることで何が起きるか見てみよう（答えは八五ページにあるが、いまは見ないでほしい）。

潜伏にかんする研究によれば、人々がまずある問題に取り組み、それからそれを中断してほかのことを考えているときに、意識的な努力なしにふと答えが思い浮かぶことがある。これと同様のことが、創造的な芸術家や科学者にも起こる。科学問題にたいする素晴らしい新機軸や解決は、魔法によって出現するわけではない。たいがいの場合、科学者や発明家たちは、何時間、何日、さらには何年も難問と格闘しており、すべての断片を組み合わせて困難を克服しようとするが、それでも答えを見いだせない。そこで彼らは格闘するのを中断してほかのことを考えるが、するとあるとき突然、答えが「思い浮かぶ」のである。「わかった！」の瞬間である。それはまるで心のどこかが働き続けて、独力で答えを発見したかのようである。

論理的な思考では複雑すぎて解決できないが、ほかの仕方で解決できる特殊な問題についても、実験による研究が行われてきた。それらの問題には、論理的思考とは別のもの、すなわち直観と呼んでよいものが必要である。よく知られた研究では、参加者に工場の砂糖の製造をシミュレートしたコンピュータ・ゲームに取り組んでもらった。参加者は労働者の数や労働者の給与のような変数を制御できたが、そのシミュレーションを走らせる方程式については何もわかってはいなかった。彼らは非常にすばやく上達して砂糖の製造を最適化できたが、どのようにしてそうしたのかについては何もわかってはいなかった。実際、自分が何をしているのかわかっていると思った人たちは、そうでない人たちよりもしばしば成績が悪かった。

おそらくこれと同様のことが、私たちの非常に複雑な社会生活においても、つねに生じているのだろう。私たちは人にはじめて会ったとき、その人の表情や服装や仕草を見、その声を聞いて、即座にその人が温かいか冷たいか、信頼できるかいかがわしいか、知的かどうかを判断するが、どのようにしてそうした判断を行っているのだろうか。私たちはいろいろな生来の能力を持つとともに、さまざまな人と出会い、その人がどういう人かを知るという経験を何度も積んできている。おそらく、この経験をすべて明示的に記憶したり、方程式を解いて関係する確率を導き出したりすることはできないだろうが、こうしたことのいっさいが心のシステムのどこかで行われており、それだからこそ私たちは最終的に信頼できる判断を行うことができるのである。

情動的な意思決定や直観と呼ばれるものの多くは、この種の暗黙的な処理によって説明される。というのも、それらにおいては、私たちは答えがどこから生じてくるのかを知らないからである。私たちはただ、何が正しいのかを感じ取り、何をすべきなのかを「知る」だけであるように思われる。これは重要な技能であるのに、あまり注目されない。歴史上、多くの思想家たちが、情動を犠牲にして合理性を賞賛してきた。純粋に合理的な思考を最上位に置いて、合理的な心を身体から切り離してきたのである。これを、脳神経科学者アントニオ・ダマシオは「デカルトの誤り」と呼ぶ。彼は、情動を感じる能力が思考や意思決定にとって本質的なものだという証拠を示す。たとえば、前頭葉を損傷した人たちは情動的に平板になるが、彼らは卓越した合理的な意思決定者となるというよりも、むしろ何も決めることができないようである。

私たちは、意識的には気づかないあらゆる種類の刺激、すなわち、意識下の（あるいは、閾下の）刺激に反応することもできる。意識下の知覚は評判が悪い。それはおそらく、映画やテレビ番組にきわめて短いメッセージを挿入することによって、広告主が人々に製品を買わせることができると言われているからだろう。実際には、この種のトリックはうまくいかないし、人々の購買行動はほとんど影響を受けない。意識下でメッセージを聞かせるテープも有効ではない。たとえば、聞き取れないメッセージが入ったテープに耳を傾けたり、就寝中にテープを回したりすることによって、新しい言語や技術を習得したり、人生を変えたりすることができると言われる。しかし、実際には、そのメッセージを聞き取ることができないなら、ほとんど何も習得できないのである。

これらの主張はさておき、意識下の知覚は実際にある現象である。たとえば、見たことを意識できないほどの短い時間でも、ある単語を瞬間的に提示されると、その単語が人々の反応に影響することがある。単語「river」（川を意味する）が瞬間的に提示されると、意識的に見えていなかったとしても、つぎに提示された単語「bank」（銀行と河岸の両方の意味を持つ）は、お金を預ける場所よりは、河岸を意味する単語として解釈される確率が高くなる。同様に、笑い顔やしかめ面が瞬間的に提示されると、直後に提示された無意味な記号にたいして積極的に反応する確率が高くなる。これらの実験やほかの多数の実験は、私たちが気づかない身のまわりの無数に多くの事象によって、私たちがつねに影響を受けていることを示唆する。聡明な脳は、このような情報のすべてを途方もなく複雑な仕方で処理しているが、私たちはそのことについてはほとんど何も意識せずにいるのである。

そうすると、つぎのように想像したくなるだろう。すなわち人間の心は広大な無意識の部分と、それよりも小さい前意識ないしは下意識の部分、そして最後に、意識の部分から構成されており、私たちが直接的に知っており経験するのは意識の部分だと想像したくなる。しかし、この伝統的なイメージはきっと間違いだろうと私は考えている。

隙間を充塡する

それまで気づいていなかったものが突如、真ん前に見えるという経験をしたことがあるだろうか。たとえば、失くしたと思っていた眼鏡や、気づいていなかった本、隣の庭にある雪だるまが突如、見えるという経験である。それらが見えるまえは、あなたの意識のなかには何があったのだろうか。一八九〇年にウィリアム・ジェームズがこう述べている。「そこには隙間があったのだろう——しかしながら、私たちは隙間があるとはまったく感じていなかったのだ」。私たちが描く部屋のなかには眼鏡や本の形をした隙間はなかったし、芝生のうえには雪だるまの形をした空所はなかった。私たちの心が隙間のうえに書き込みをしたのだろうか。そうする必要があったのだろうか。

このような日常経験は奇妙なものに見えるが、それが奇妙に見えるのは、おそらくつぎの理由によるのだろう。頭や心のなかのどこかに、世界の完全な描像が存在し、それが私たちの意識的な経験なのだ。こう私たちは想像する。つまり、周囲を見渡したとき隙間のない世界が見えるので、そのような内部的に表象された隙間のない世界が存在するはずだ、と考えるのである。頭のなかに詳細な内的表象があるというこの考えは、何十年にわたって、ほとんどの認知科学の基礎をなす仮説となってきた。しかし、いくつかの簡単な実験で示せるように、私たちの心をこのように考えるのはおそらく間違いだろう。

まず第一に、盲点が存在する。人間の眼は、じつに興味深い仕方で設計されている。ちなみに、これは進化がいかに無計画に進行するかをよく物語っている。私たちの祖先よりもはるか昔のある時期に、単純な眼が発達した。この単純な眼では、少数の光受容細胞からの情報を伝達するニューロンが、いったん前方に出てから単純な脳のほうへ戻っていった。自然選択は手近にあるものにはすべてかならず働きかけるので、この原始的な眼は変化させられ、筋肉や水晶体、そして数千の緊密に寄せ集められた受容体を備えた複雑な眼へと徐々に発達していった。このときにはすでに、ニューロンは光の進行の妨げとなっていたが、進化はいわば、道を誤ったと判断してもとに戻ってふたたびやり直すということができない。したがって、当初の計画がそのまま継続された。その結果、ニューロンが受容体を覆い隠し、それから視神経と呼ばれる大きな束になった。この束は網膜を貫通し、そのため網膜にはまったく受容体が存在しない穴(中心からほぼ十五度離れたところにある穴)が形成されることになった。だから眼のこの部分では、視覚を生じないのである。私たちはそのことに気づいているのだろうか。全然である。このことを自ら実証するために、図13で試してみてほしい。

図 13　盲点を見つけよう．この本を腕を伸ばして持つ．右眼を手で覆い，左眼で小さな黒丸を見る．さあ，このページをゆっくりと前後に動かしてみよう．あるところで，チェシャネコが見えなくなるだろう．これはチェシャネコがちょうど盲点に入ったからだ．

日常生活では、私たちは両眼の盲点にまったく気づかない。私たちが二個の眼を持ち、各々の眼が他方の眼を補っているというのがその理由の一部であるが、一方の眼を覆っても、見ている光景のなかに穴が見えるわけではない。なぜ穴が見えないのか。これは以前に出したのと同じ疑問である。脳が欠けた部分を充填して隙間を覆い隠しているのだろうか。もしその通りだとしたら、脳は何を充填しているのか。この充填の問題をめぐって、白熱した論争が行われてきた。

デネットは、脳が細部にわたって隙間を充填する必要はないし、実際、そうしていないと論じる。それというのも、見ることは、内なる自己が眺めるための世界の絵画的なコピーを作成する過程ではなくて、むしろ何があるのかを推測し想定する過程だからである。この種の概念的な充填はつねに起こっている。いまも、おそらくあなたには多くの対象がほかの対象を覆い隠しているのが見えるだろう。本が机の一部を覆い隠し、カーペットが机の脚に隠れて見えないし、景観が自動車によって覆い隠されている。もちろん、自動車の形をした穴がその景観のなかに見えるわけではないし、欠けた部分をもっともらしい木や藪で充填する必要もない。まったく見ることができなくても、連続的な景観が存在しているというのが、あなたの視覚経験なのである。

さて、デネットは、たくさんのマリリン・モンローの肖像画で覆い尽くされた部屋に入ったと想像してくれと言う。数秒間見れば、私たちは何百枚もの同じ肖像画が貼られていることがわかるだろうし、もし帽子を被っているとか、おかしな口ひげをたくわえた肖像画があれば、すぐにそれに気づくだろう、と彼は言う。そうだとすれば、いまや私たちの頭のなかにマリリンのすべての肖像画の詳細な描像が存在するはずだ、と私たちは自然と考えたくなるだろう。しかし、それはありえないとデネットは言う。鮮明に見ることができるのは、網膜の中心にある中心窩だけであり、眼は毎秒約四、五回のサッカード(大きな眼の動き)を行うだけだから、それぞれの肖像画をすべて鮮明に見ることはできないだろう。私たちがこれだけのものを見ることができるのは、部屋全体にわたる反復パターンを見つけ出すテクスチャー検出器と、おかしな口ひげや違った色のような異常な箇所に注意を向けさせる専用のポップ・アウト機構のおかげである。したがって、見えているのは、けっして詳細に富んだ内的描像ではなく、むしろ多数の同じ肖像画が存在するという推測や仮定、もしくは表象に類したものである。脳は、内的描像のなかにそれぞれのマリリンを個々に表象する必要はないし、実際、そうしてはいないのである。私たちは、そうした詳細のすべてが頭のなかにあるという鮮明な印象を持っているが、実際にはそれは外の世界にあるだけなのである。欠けたマリリンを充填する必要はないし、脳はそうしてはいないのである。

しかし、心理学者リチャード・グレゴリーとV・S・ラマチャンドランによると、充填は実際に起きているのである。彼らは人工的な盲点を作り出すために、人々に「スノウノイズ」〔電波が弱いときに画面に現れる白い斑点〕が点滅するディスプレイの中心を正視するように求め、中心から六度のところにスノウノイズのない小さな灰色の四角形を埋め込んだ。最初、被験者にはその四角形が見えていたが、約五秒後には画面のほかの部分と同じように、四角形はスノウノイズで充塡されるようになった。つぎに、画面全体を灰色にすると、スノウノイズを伴った四角形が現れ、一、二、三秒続いた。〔同じ装置を使った〕別の実験では、色と形と運動を充塡するそれぞれ別々のメカニズムが明らかになった。たとえば、ある実験では、背景はピンク色の地にまばらに黒い点が点滅するものであり、四角形は灰色の地に黒い点が水平に移動するものであった。数秒で四角形は消えていったが、この変化は二段階で起こった。最初に、灰色がピンク色に変化し、つぎに移動する点が点滅する点に変化したのである。

同様のほかの実験では、英語やラテン語のテキストが背景として利用された。四角形は以前と同じように充塡されたが、おかしなことに、今度は四角形のなかに文字があるのが見えるのに、それらの文字が読めないと被験者は述べたのである。興味深いことに、これは夢でも見られる。夢のなかで、本や新聞や膨大な数の記号が登場し、その書かれたものを見ることはできるのに、それを読むことはできないのである。このような場合、いったい何が見えているのだろうか。おそらくそれは、実際の文字で覆われた領域ではなく、むしろ書かれているものの観念のようなものであろう。

充塡をめぐる論争は、まだまだ終わりそうにないが、以上の実験は、充塡がたしかに生じているが、それは内的描像の細部を詳細に仕上げるようなものではないことを示唆している。

変化盲

あなたが実験の被験者になり、図14の上の写真を見つめるように言われたとしよう。つぎに、あなたが眼を動かすまさにその瞬間に、その写真が下の写真と取り替えられる。あなたはその違いに気づくだろうか。大多数の人たちは、確信をもって気づくはずだと言う。しかし、彼らは間違っている。

これは変化盲と呼ばれる現象であり、多くのさまざまなやり方で実証されてきた。一九八〇年代に行われた初期の実験では、眼球運動の追跡装置が利用された。被験者の眼球から反射されるレーザー光線によって、眼球の動きが検出されると、被験者が見ていた写真やテキストが瞬時に取り替えられた。被験者は、明白で大きな変化にさえ気づかなかった。眼球運動の追跡装置は高価なので、私はもっと簡単な方法で試してみた。写真をわずかに動かすことによって人々の眼を動かし、それと同時に写真を取り替えたのである。私は同じ効果を発見し、私たちの視覚世界の豊かさは幻想であると結論づけた。

その後、多くのほかの方法が使われてきた。最も簡単なのは、二枚の写真を取り替えるときに灰色の短いフラッシュを差しはさむ方法である。写真は一方から他方へとさっと取り替えられ、観察者が変化に気づくまで、何度も繰り返される。色が変わる大きな対象や、まったく見えなくなる対象であっても、ふつう人々がそれに気づくのに何分もかかる。これはじつにいらいらさせられる実験である。何度見ても、まったく変化に気づかない。ほかの人たちと一緒なら、彼らの笑い声が聞こえる。そうしているうちに、突然、変化が見えるのだが、どうしてそんな明白な変化を見逃したのかまったく理解できないのである。

図 14　変化盲．あなたが眼を動かしたり，あるいは瞬きしたりするときに，2 枚の写真を取り替えると，あなたはその変化に気づかないだろう．変化盲の実験は，見ることが視覚世界の詳細な表象を構成するのではないことを示唆する．

このような効果が現れるのは、何かが変化したという事実をふつう私たちに警告してくれるポップ・アウト機構や運動検出器が、いま述べた方法によって働かなくなってしまうからである。これらの機構や検出器が働かなければ、私たちは眼球運動が起こったときの記憶に頼らなければならなくなるが、さきの実験が示すように、たったいま見ていたことの記憶は驚くほど貧弱だと思われるのである。

しかし、なぜ私たちは記憶の貧弱さに驚かされるのか。その理由はおそらくこうだろう。ある光景を見渡しながら、一瞥するたびごとに光景の特徴をより多く取り込んでいき、光景の非常によい像を頭のなかに作り上げる。このように私たちは想像する。見ることはそのようなことだと感じられ、そのようなことにちがいないと私たちは想像する。しかし、そうだとすれば、私たちは光景のなかにあった柵を思い出して、その上端が消えていることにかならず気づくはずである。変化盲は、視覚の形成の仕方にかんするこの通常の考え方にどこか間違いがあるはずだということを示しているが、それがどこかまでは明らかにしない。

一つの可能性は、注意が鍵を握るということである。何かに慎重に注意を払わなければ、その変化を見逃してしまうのではなかろうか。心理学者ダニエル・レヴィンとダニエル・サイモンズはこれを検証した。彼らは短い映画を作った。その映画のなかでは、さまざまなものが姿を消したり、別なものに変わったり、色を変えたりする。ある映画では、俳優が一人で部屋のなかに座っており、電話が鳴ると立ち上がってドアのほうへ行く。場面が別の部屋に切り替わり、まったく違う人物がそこで電話を取る。変化に気づいたのは、三分の一の観察者だけだった。

こんなことになるのは、映画に何かトリックがあるからだ、とあなたは考えるかもしれないが、驚いたことにレヴィンとサイモンズは、日常の場面でごくふつうの人たちを相手にして同じ効果が見られることを実証したのである。ある実験で、彼らは実験者に、コーネル大学のキャンパスを歩いている人に近づいて道を尋ねさせた。実験者が歩行者と話している最中に、労働者風の服を着た二人の助手がドアを運びながら乱暴に実験者と歩行者のあいだに割り込んだ。その瞬間に実験者はドアの後ろをつかみ、ドアを運んできた人と入れ替わった。トリックを仕掛けられたかわいそうな歩行者は、それからはまったく別の人と対面し、別の人に話しかけられるのである。だが、このすり替わりに気づいたのは歩行者の半分だけだった。この実験でも、そのような変化に気づくかと尋ねると、人々は自信をもって気づくと答える。だが、彼らは間違っているのである。

変化盲は、ふだんの生活にとっても重要な意味を持つ。たとえば、変化が起こる瞬間に、「泥はね」や無意味な斑点が現れると、変化盲が引き起こされることがある。これがよく起きるのは路上や飛行中であり、泥がフロントガラスに当たった瞬間に重大な事態が起きると、運転者やパイロットは危険な誤りを犯すおそれがあるのである。そしてもちろん、これが一見、不可解な事故の原因であることもある。しかし、ここで私たちが関心をもっているのは、変化盲が意識にとってどんな意味を持つかということである。

壮大な錯覚理論

変化盲や不注意盲の発見は、大多数の人々が自分の視覚経験についてふつう持っていると思われる見方に疑問を突きつける。つまり、次々と意識を通過する豊かで詳細な描像の流れがあるという考えはきっと間違っているのである。これが、「壮大な錯覚」理論として知られることになったもの、つまり視覚世界はすべて壮大な錯覚だという理論である。

どうして私たちはそのような間違いを犯すのだろうか。間違っているなら、私たちは錯覚がどのように生じるのか、また、なぜ錯覚に騙されるのかを説明しなければならない。変化盲にかんして見いだされたことを説明しようとする理論がいくつかある。それらはいずれも、眼を動かすたびに、利用可能な情報がほとんど捨て去られるという発見された事実から出発する。しかし、私たちは明らかに、少しは情報を保持していなければならないし、そうでなければ、世界はまったく理解できないものになってしまうだろう。そこでそれらの理論は、私たちが世界を見渡すとき、どの種類の情報をどれくらい保持するかについて、それぞれ別の見方をとっているのである。

レヴィンとサイモンズによると、何かを凝視するたびに、私たちは実際に豊かな視覚経験を持ち、そこから見ているものの意味や要点を引き出す。つぎに、眼を動かすと詳細は捨て去られ、要点のみが保持される。このような仕方で、私たちは自分が見ているもののしっかりとした理解を保持し

不注意盲

不注意盲という奇妙な現象は、注意を払っていないものはまったく見えないのではないかということを示唆する。心理学者アリーン・マックとアーヴィン・ロックは、被験者に凝視点を見つめさせながら、十字形が短時間現れたときに、一方の線が他方の線よりも長いかどうかを判定させることで被験者の注意を固定した。すると、たいへんよく見える対象が十字形の近くでパッと現れても、大半の被験者たちはその対象を見ることができなかった。それ以上に驚くべきことに、眼を向けている場所のすぐわきに十字形を置いて、それに注意を向けさせると、眼を向けている場所にパッと対象が現れても、彼らはそれを見ることができなかったのである。わきに注意を払うだけで、眼を向けている場所にたいして盲目になってしまうようだ。マックとロックは、注意なしには意識的な知覚はありえないと結論づけた。

魔術師たちは何千年にもわたり、注意を利用して人々を欺いてきたが、いま述べた実験からすると、じつは、私たちはつねに欺かれているのかもしれない。ほんとうにそうだとすれば、それはとても奇妙なことだ。なぜなら、もしそうだとすると、部屋を見渡すときに見えるのは、私たちが注意を払うごくわずかな数の対象だけであり、それら以外の対象は見えているように思えても、実際は見えていないということになるからである。

つつ、いつでも見ようと思えば、それのどの部分でも詳細に見ることができるのである。こうして、私たちはそれほど混乱なく、連続的な光景の現れを経験することができる、と彼らは論じる。

カナダの心理学者ローランド・レンシンクも不注意盲と変化盲の広範な研究を行ったが、彼は少し異なる解釈を与えている。彼によれば、視覚系はけっして世界の完全で詳細な表象を形成しないし、凝視しているときでさえ形成しない。その代わり視覚系は、注意があちこち移動するにつれて、単一の対象の表象を一度に一つずつ組み立てる。私たちが何かに注意を向けるときにはいつでもそれの表象が作り出され、しばらく維持されるが、注意を向けるのを止めると、その統一性が失われてばらばらの特徴のごた混ぜに戻ってしまう。私たちが豊かな視覚世界という印象を持つのは、ふたたび眼を向けることによって、新しい表象がまさにそのときに作られるからである。彼はこう説明する。

この説明はとても奇妙に思われるだろう。私がネコを見ているとき、部屋のその他のものがすべて私の視覚系から姿を消すとは信じがたい。しかし、これこそレンシンクの理論が言わんとすることなのである。しかも、結局のところ、どのようにしてそれを確かめたらよいのだろうか。あるものにほんとうにすばやく目を向けて、それがまだ存在しないことをいわば見破ろうとしても、私はきっと失敗する。なぜなら、どれほどすばやくそれに眼を向けても、私はそれと同じ速さで新しい表象を形成しているからである。部屋全体を見ることができるという印象は正しいが、それはいつでもふたたび眼を向けることができるからであって、部屋全体の描像が私の意識のなかにあるからではないのである。

これは、ウィリアム・ジェームズが百年以上もまえに意識を探求するさいに述べた困惑を思い出させる。彼は内観を「暗闇がどのように見えるのかを見るためにガスランプを点灯しようとする試み」になぞらえた。思うに、彼は電灯でも同じ思いを抱いただろう。現代の例に置き換えるなら、冷蔵庫のライトがつねに点灯しているかどうかを見るために、ほんとうにすばやく冷蔵庫のドアを開けようとするようなものである。

冷蔵庫の場合、私たちは内部にカメラを置くとか、側面に覗き穴を開けてチェックすることができる。脳で同じことをするのははるかに困難であるが、脳神経科学は脳を画像化する技術をおおいに発展させている。視覚系が実際にそのような仕方で機能し、一度に最低の限られた対象情報しか保持しないことが見いだされたなら、私たちが経験していると思っている詳細な視覚の流れに対応するものは脳のなかにはない、と結論せざるをえないだろう。

これは、意識の神経相関物の探求にとって重要な意味を持つ。たとえば、クリックは「眼前に見える世界の生き生きとした描像」の相関物を見いだしたいと言い、ダマシオは「脳のなかの映画」の相関物を見いだしたいと言う。しかし、視覚世界が壮大な錯覚なら、彼らは自分たちが探しているものをけっして見いだせないだろう。なぜなら、脳のなかの映画も生き生きとした描像も、脳のなかには存在しないからである。どちらも錯覚の一部なのである。

最後に、視覚的な気づきについての通常の考えをもっと根本的に覆す理論がある。これは、心理学者ケヴィン・オレガンと哲学者アルバ・ノエによって提案された「視覚の感覚運動理論」である。彼らは根本的に新しいアプローチを採用しており、それによれば、視覚は内的表象の形成を行っているわけではなく、世界のなかで行為する仕方の一つなのである。視覚が行っているのは感覚と運動の付随関係を習得することである。つまり、自分の行為によって自分が世界から受け取る情報がどう変わるのかを知り、眼球運動や身体運動、瞬き、その他の行為によって視覚入力がどう変化するかに応じて、適切に視覚入力と相互作用していくのである。言い換えるなら、見ることは行為することである。この見解では、視覚は世界の表象を形成することに従事しておらず、見ることと注意することと行為することはすべて同じことである。あなたが見ているものとは、あなたが現在「視覚的に操作している」光景の部分なのである。世界を操作しないなら、何も見えない。世界のある部分を操作するのを止めると、それは無に帰してしまう。

この種の理論は伝統的な知覚理論とは劇的に異なるが、人工知能の分野で発展している身体化された認知や行為的認知の理論とはよく似ている。人工知能の分野でロボット制作者たちが見いだしたのは、ロボットに詳細で複雑な内的表象を与えるのは、現実世界のなかをロボットが動き回れるようにする方法としては非効率的か、あるいは不可能でさえあるということである。そうではなく、ロボットが世界と接触し、間違いを犯し、自ら世界と相互作用する仕方を学習するようにさせるもっと単純なシステムを組み込むほうがよいのである。

このアプローチは、視覚的な意識を理解するのに役立つだろうか。内的表象を想定する伝統的な理論は、内的表象がどのようにして意識的経験になるのか、なぜ一部の視覚表象が意識の「なか」にあり、大多数はそうではないのか、なぜ私たちは内的表象を見ている者であるように思われるのかを説明することができなかった。感覚運動理論は問題をひっくり返して、観客を俳優に替え、視覚を行為に替える。したがって、感覚運動理論は、行為がどのようにして主観的経験になるのかを説明しなければならない。これが可能だということになるかどうかはまだわからないが、たしかに問題は完全に変化している。伝統的な理論は混乱とハード・プロブレムへ導くだけだから、視覚は壮大な錯覚であるという考えは真剣に受け止めるに値する。

なぞなぞの答え

子どもたちはそれらを持ってきて雪だるまを作ったのだが、雪だるまは太陽の光で解けてしまった。私が七一ページで雪だるまに言及したとき、「わかった瞬間」があなたに訪れたかもしれない。あるいは、まさにひとりでに答えが思い浮かんだかもしれない。あるいは、何も思い浮かばなかったかもしれない。

5 自我

精神と魂

私は誰なのだろう。もしくは、何なのだろう。「私は私の身体である」とか、「私は私の脳である」とか、そんなふうに答えるわけにはいかない。なぜなら、私は自分が身体や脳であるとは感じないからである。私は、自分がこの身体と脳を所有している何者かであると感じる。しかし、この頭のなかに住み着いて、眼をとおして外界を見渡していると感じている何者かとは、いったい誰なのだろうか。この人生を生き、この経験を持っていると思われる誰かとは、いったい何者なのだろう。

科学的な観点から言えば、身体と脳の所有者や、脳の振舞いを観察する内なる経験者や、内なる自我などはいっさい必要ない。脳は複雑にできており、その構造を理解するのは困難かもしれない。

だが、脳は「因果的に閉じている」のである。つまり、私たちは、どうやって一つのニューロンがほかのニューロンに影響を及ぼすか、どうやってニューロンの集団が形成されたり消滅したりするか、どうやって一つの脳状態がほかの脳状態へと移行するかといったことを理解できるし、そこにほかの何かが介入する必要はない。言い換えれば、私の脳には「私」など必要ないのだ。

そうだとしても、私は「私が存在している」と感じずにはいられない。私が意識的経験について考えるとき、その経験を持つ誰かがいるように思われる。私がこの身体の行為について考えるとき、行為する誰かがいるように思われる。私が自分の人生の困難な決断について考えるとき、誰かがその決断をしなければならないように思われる。そして、私がこの世で何がほんとうに重要なのかと考えるとき、ものごとが誰かにとって重要でなければいけないように思われる。この誰かとは「私」、つまり私のほんとうの「自我」である。

自我の問題は意識の問題と密接に絡み合っている。なぜなら、意識的経験が生じているときには、それは誰かにたいして生じていなければならないと、いとも簡単に考えられるからだ。経験している誰かがいなければ、経験など生じるはずもないだろう。こうして私たちは袋小路に入り込んでしまう。科学には内なる自我など必要ないが、たいていの人は自我があると信じて疑わない。さらにもし自我の概念を捨て去れば、大混乱が生じ、人々の意欲が損なわれ、道徳的秩序が破壊されてしまうだろうと、多くの人々が考えている。私たちが自我の存在を信じるかどうかによって、多くのことが左右されるにもかかわらず、自我にかんする私たちの考えは、容易に深い混乱に陥ってしまう。

哲学者デレク・パーフィットは、自我論者と束論者の区別を設けることにより、混乱した状況をいくらか整理しようとしている。彼は、自分というものが経験を持つ単一で連続的な自我であるように思われるという、疑いようのない事実から出発し、それはなぜかと問う。この問いにたいし、自我論者はそれが文字通りの真実だからだと答えるが、束論者はそれは真実ではなく、自我の経験はほかの何らかの仕方で説明されるべきだと答える。

束理論という名称は、哲学者デイビッド・ヒューム(一七一一―七六)の著作に由来する。ヒュームは自分の経験を見つめることで、その経験を持つ自我を探してみたが、そこに見いだされたのは経験だけであったと述べている。このことから彼は、自我は実在するものではなく、「感覚の束」のようなものであると結論づけている。人生とはさまざまな印象の連続であり、それらの印象はひとりの個人に属するものとして統合されているように思われても、実際はたんに記憶やそのほかの関係によって相互に結びつけられているにすぎないのである。

ここでつぎのことに注意しよう。二元論は自我理論の一つの形にすぎず、連続的な自我の存在を信じるからといってかならず二元論者になってしまうわけではない。実際のところ、あとで見るように、二元論を拒否する現代の科学理論の多くは、それでもなお自我の神経相関物を突き止めようとしたり、脳内の持続的な構造に訴えて自我を説明しようとしたりしている。したがって、これらは自我理論なのである。

主要な宗教のうちに、自我理論や束理論の明確な具体例が見られるが、そのほとんどは明らかに自我理論である。宗教によって、自我は魂や精神と考えられたり、アートマンやそのほかのものと考えられたりするが、ともかく自我の存在が前提とされている。個人的な自我の存在が、自己の同一性、死後の生、道徳的責任にかんする教義の根底にあり、キリスト教、ユダヤ教、イスラム教、ヒンドゥー教の信仰の核となっている。信心深い科学者たちのなかには、科学と宗教のあいだに矛盾などないと主張する人々もいるが、自我の問題は明らかに難問である。もしも各個人が脳を持っているのと同じように精神や魂も持っているとしたら、科学によってそれを検知することができなければならない。しかし、これまでのところ検知できていない。これは検知が永遠にできないということではないが、それが問題なのは確かだ。

数ある宗教のなかで仏教だけが自我の観念を否定している。歴史上実在した人物としてのブッダは、二千五百年ほどまえに北インドで生きており、木のしたでの長い瞑想のあとに悟りを開いたとされている。彼は当時一般的だった宗教的教義を否定したが、そのなかには永遠の内的自我、すなわちアートマンが存在するということも含まれていた。これに代わって、彼は人間の苦しみは無知、とりわけ自我という誤った観念への執着によって引き起こされると説いた。苦しみから抜け出す方法は、自我をたえず新たに作り出す欲求や執着をすべて捨て去ることである。つまり彼の教義の中心にあったのは、無我という考えである。これは自我が存在しないということではなく、自我は錯覚である、つまりそれは見かけ通りのものではないということである。自我は個人の生を生きる持

図15　ブッダは持続的な自我の存在を否定した.

続的な実体ではなく、たんにひと組の要素に与えられた便利な名前にすぎないのである。彼はまた、すべてのものがそれに先立つ原因に依存しており、どんなものも独立には生じないとも説いている。これは宇宙が相互に依存し合っており、因果的に閉じているという現代の考え方と共通している。「行為は存在するし、その結果も存在するが、それを行った人は存在しない」というブッダの主張は、彼のこの教えから理解できる。パーフィットは、ブッダを最初の束論者としている。

束理論を理解し受け入れることはとても難しい。束理論を認めれば、自分が意識と自由意志を持つ存在であるとか、この特定の身体の生を生きている存在であるという考えを完全に捨て去ることになる。そしてその代わりに、「自我」という語は、便利ではあるが実在するものや持続的なものをいっさい指さない、たんなる観念や言葉にすぎないということを認めなければならなくなる。そして、経験を持つ自我にかんしては、そのような自我は個々の経験に伴って生じては消えていく、つかの間の印象にすぎないのである。自我が持続しているという錯覚が生じるのは、つかの間の自我が記憶を伴って現れ、その記憶が「自我が持続している」という印象をもたらすからなのである。私たちの直観にこれほどそぐわない理論は、一見、考察する価値さえないように思われる。しかし、このような理論を採用しなければ、自我とはいったい何なのかと考えるときに、かならず大きな困難に突き当たってしまうのである。自我が錯覚であるという考えは、自我にまつわるつぎのもっと奇妙な現象に注目するときに、少なくとも心に留めておくだけの価値はあろう。

脳を分離する

脳を半分に切られるというのはどんな感じだろう。たんなる思考実験のように聞こえるかもしれないが、じつは、一九五〇年代から六〇年代にかけて、このような過激な手術が実際に行われていたのである。てんかんが非常に重くなると発作がほとんど途切れることなく続いて、生活自体が耐えがたいものになってしまうことがある。現代ではそのような症例は、薬やあまり侵襲的でない外科手術によって治療できるが、当時は、きわめて重い症状の患者にたいし、脳の二つの半球を切断して、発作が一方の脳から他方の脳へ広がるのを防ぐという処置がとられていた。多くの場合、二つの脳半球のあいだの主要な接合部である脳梁が切断され、脳幹とほかの接合部はそのまま残された。したがって、脳が半分に切られたなどと言うのは大げさかもしれないが、脳梁がないと右半球と左半球のあいだで通常行われている情報伝達がほとんど途絶えてしまうのである。

そうなると何が起こるだろう。驚いたことに、ほとんど何も起こらないのだ。患者はすっかり回復し、性格や知能指数、言語能力も以前とほとんど、あるいはまったく変わらず、ふつうの生活を送っているように見えた。しかし一九六〇年代はじめに、心理学者ロジャー・スペリー(一九一三―九四)とマイケル・ガザニガが行った実験により、分離脳手術のもたらす驚くべき影響が明らかにされた。

この実験は、感覚器官と脳との連結にかんするつぎのような知識に基づいて計画された。右耳から入った情報は右半球に(そして、左耳からは左半球に)届けられるのにたいし、図16に示されている通り、視野の左側からやってきた情報は右半球へ(そして逆も同じように)向かう。これはつまり、まっすぐまえを見たときに、左側に見えるすべてが右半球へ向かい、右側に見えるすべてが左半球へ向かうということである。身体についても交差が成立しており、身体の左側は右半球によって制御されている(そして逆も同様である)。ふつうの人の場合、二つの脳はつながっているので、情報はすばやく両半球へと届く。しかし分離脳患者の場合はそうではない。この知識を利用して、実験者は、ひとりの人の二つの大脳半球のそれぞれと独立にコミュニケーションをとることができた。二つの脳半球は、二人の別々の人間のように振舞うだろうか。それぞれの脳半球は、独立した意識を持つのだろうか。

実験の典型的なやり方は、つぎのようなものである。患者は二つに分割されたスクリーンのまえに座り、中心をまっすぐ見る。すると言葉や絵がスクリーンの片方にパッと現れ、それによって情報が片方の脳半球にだけ送られる。患者は言葉か、あるいはどちらかの手を使ってそれに反応する。絵が右の視野に示されたとしよう。ほとんどの人では、発話能力は左半球にかぎられているので、患者はこの場合には、その絵についてごくふつうに言葉で説明できたが、絵が左側に示されると説明できなかった。この事実は、発話能力を持つ左半球には、右側に示されたものしか見えないことを示している。一方、右半球には左にあるものが見える。これは患者に言葉を使わずに反応しても

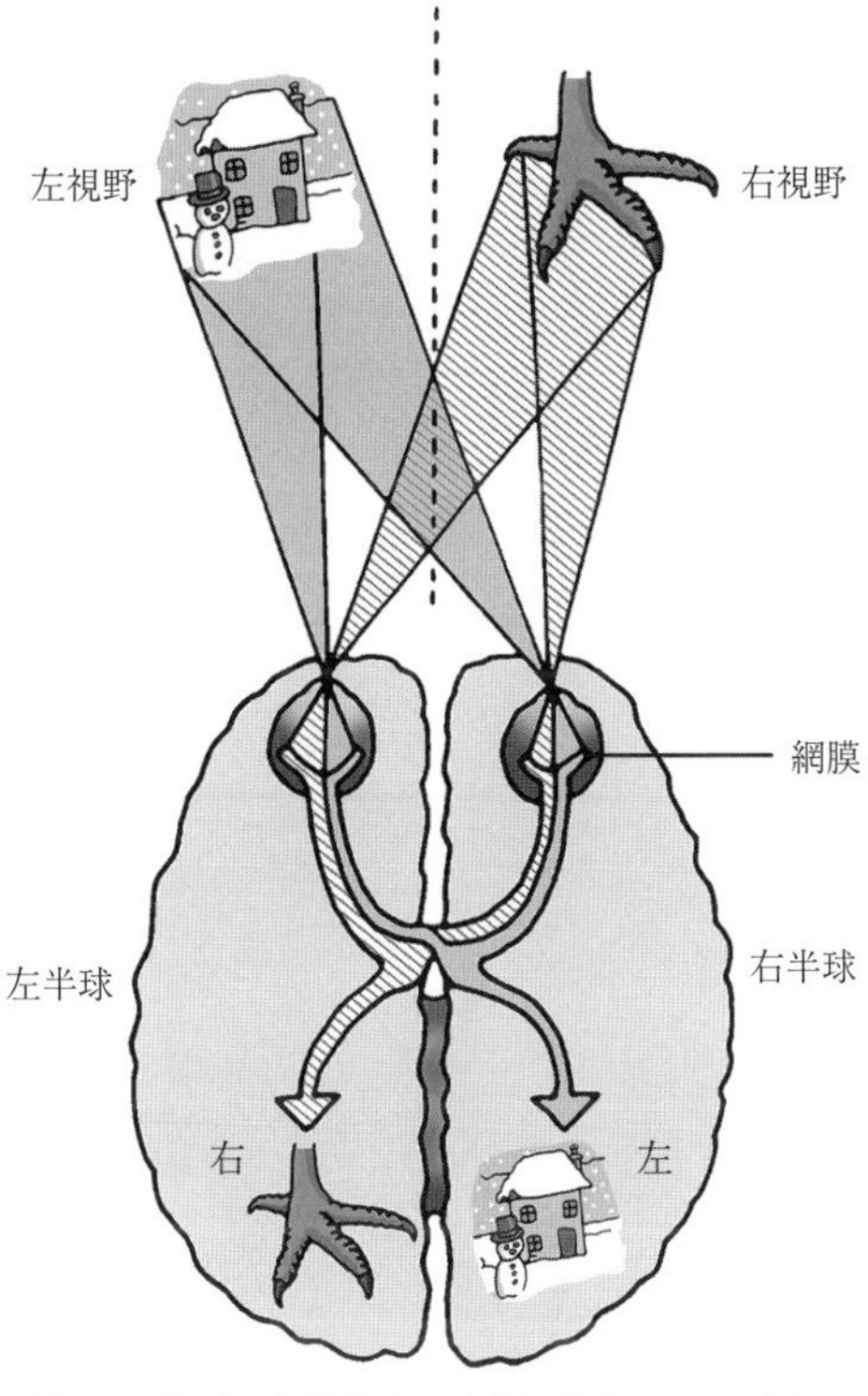

図 16　大脳の交差構造．分離脳患者 P・S は左側に雪景色を，右側にニワトリの爪を見せられた．したがって，言語を司る左半球にはニワトリの爪しか見えなかった．

らうことにより明らかになる。たとえば、さまざまなものが入った袋を渡して、見えたものと同じものを左手で袋のなかから選んでもらうというやり方がある。こうすると、二つの脳半球は「何が見えますか」という問いにたいし、同時に異なる答えを出した。そして、どちらの脳も、もう一方の脳が何をしているか知らないようだった。二つの脳は、意識を持つ二人の人間になってしまったのだろうか。

ある有名な実験で、分離脳患者のP・Sは左の視野に雪景色を、右の視野にニワトリの爪を見せられ、手前に並んでいる絵のなかから見せられた絵に合うものを選ぶように求められた。彼は左手で（雪かき用の）シャベルを、右手でニワトリを選んだ。それぞれの脳半球が見ているものを考えれば、この選択は納得のいくものである。だが、選んだ理由を尋ねられると、彼は（つまり、発話を行う左脳は）こう言った。「ああ、簡単なことですよ。ニワトリの爪はニワトリにくっついているし、ニワトリ小屋を掃除するにはシャベルが必要でしょう」。

あなたはボタンを押しますか？

あなたは自我の存在を信じているだろうか。あなたの心は、あなたとあなたの知性が別のものだと告げているだろうか。これらの問いに答えるには、つぎのような哲学者の思考実験が役に立つ。

どこでも好きな所へ行ける機械があるとしよう。そのなかに入ってボタンを押すと、あなたの身体のすべての細胞が走査され、破壊され、選んだ目的地であなたの身体がふたたび形成される。これは思考実験なので、この手順は百パーセント安全で、逆の操作も可能だとしよう。つまり、あなたが途中で消えてしまう心配はまったくないというわけだ。ここで、質問。あなたはこの機械に入ってどこかへ行きますか?

もしあなたが真の束論者なら、あなたは何も心配すべきでない。あなたの身体の細胞は旅を終えたあとでもすべて前と同じだし、あなたの記憶もいっさい損なわれることはない。あなたは誰の目から見ても変わらないように見えるし、以前と同じ内なる自我の幻想を抱いているだろう。

もしあなたが、それでもボタンを押したくないのなら、あなたは、目的地に到着するのはほんとうの「自分」ではないという考えに執着しているのだ。つまり、あなたはまだ内なる自我の存在を信じているのだ。

図 17 遠距離移動装置:哲学者の思考実験.

このように言語を司る左脳は、作り話によって自分の無知を隠してしまった。右脳に感情を喚起する絵が示されたときにも、左脳は同じことをした。つまり、声を上げて笑ったり、微笑んだり、赤くなったりといった情動的反応が引き起こされると、それにたいし、もっともらしい説明を作り上げたのである。このことは、分離脳の患者たちがどうして私たち健常者と変わらないように見えるかを理解するのに役立つかもしれない。しかし、他方で、この事実は、私たち自身にかんする疑問を投げかけてくるのである。私たちの脳は、互いにある程度独立したモジュールがたくさん集まってできており、言語を司る部分は、脳で起こっていることのすべてに関わっているわけではない。それにもかかわらず、行為するのに十分な理由が言語によって与えられることはしばしばある。この理由のうち、ほんとうの理由ではなくもっともらしい作り話であるものはどれぐらいあるのだろうか。そして、それらが作り話であると知ることはできるのだろうか。

これらの実験から、スペリーは、患者たちの頭のなかに二つの意識的な実体があり、それぞれが私秘的な感覚と自由意志を持っていると結論した。対照的にガザニガは、左半球だけが言葉を使い、信念を形成し、人々に行為と意図を帰属させる「解釈者」の役割を果たしていると主張した。「高次の意識」を持つのは左半球だけであるため、右半球は多くの能力や技能を持っていても、真の意識は持っていないのである。

どちらの解釈が正しいのだろう。問題は、どちらが正しいかを知るにはどうすればよいのか見当がつかないことだ。質問をしてみれば、それぞれの脳半球が話したり絵を選んだりすることはわかる。それでも、これらが意識を持っているのかどうかははっきりしない。この点は他人や赤ん坊、動物の場合でも同じである。私たちは第1章での議論に戻ってきてしまった。意識が付け足された余分なものだと考えるなら、両方の脳がそれを持っているのか、それとも一方だけなのかという疑問が自然に湧いてくる。しかし、それを突き止めることはできない。自我にかんしても同じことである。持続的な自我の存在を信じるなら、両方の脳が自我を持っているのかどうかという疑問が自然に湧いてくるが、しかし、それを突き止めることはできないのだ。

これは重大なことであろう。分離脳の人のなかに、閉じ込められた第二の意識的な自我がいて、この自我がきちんと話をしたり、身のまわりの出来事に影響を与えたりすることがいっさいできないかどうかは、重大なことのように思われる。もしそうだとすれば、それは恐ろしいことだ。だが、パーフィットによれば、この問題全体が自我を信じることによって引き起こされた幻想にすぎない。束理論はこの問題をすべて消し去ってしまう。分離した脳のなかには、一つの自我があるわけでもなければ、二つの自我があるわけでもない。そこにあるのは経験だけで、その経験を持つ誰かなどはいない。そんな誰かが私やあなたと一緒にいるように感じられても、実際にはいないのである。

催眠と心の解離

つぎの場面を想像してほしい。ショーを見ていると、ステージ上の男が、催眠術をかけてほしい人はいないかと客を募っている。自分では立候補しようと思わないが、周りを見ると多くの人が手を挙げている。催眠術師は時間をかけてさまざまなゲームやテストを使って、「深いトランス状態」に入れそうな人を選別し、最終的に六人ほどが残った。彼らは、数分間、眠ったり、きれいな風景を思い浮かべたり、エレベーターで下っているところをイメージしたりさせられると、皆ぐったりした状態になり、お楽しみの準備が整った。すぐさま、ある客はまるで透視眼鏡をかけているかのように振舞い、ある客はサーカスの馬そっくりに振舞い、またある客は観客席を歩き回りながら自分を起こしてくれと人々に頼み出した。

また、催眠術がセラピーとして使われる場合を考えてみてほしい。そのような催眠術は、禁煙やダイエット、ストレス解消などの手助けをしたり、感情面での問題を解決したりするのに使われている。大げさな宣伝も多いが、実際に治療として役立っているものもある。催眠術は痛みを和らげたり、ある種の手術で麻酔の代わりに使われたりもする。

催眠術の起源はメスメリズムである。これは磁石と「動物磁気」の理論を用いた催眠術の一種で、十九世紀後半には医療や精神医学、娯楽に使われて一世を風靡したが、いまでは誤りであったとされている。当時はスピリチュアリズムも流行しており、心霊研究家が、精神を身体から解離させる目的で霊媒に催眠術をかけることもあった。これは、心の解離を思わせる多くの現象の一つであった。

もう一つ注目を集めていたのが、多重人格という奇妙な現象である。一八九八年、クリスティーン・ビーチャムという名の若い女性が、痛みと不安、疲労に苦しんで、ボストンのモートン・プリンス医師(一八五四―一九二九)のもとを訪れた。プリンスが彼女に催眠術をかけると、彼女はとてもおとなしい人格へと変化した。そしてつぎに、まったく新しい人格が現れ、もとのビーチャム嬢のことを「彼女」と呼び始めた。サリーと呼ばれるようになったその新しい人格は、生き生きしていて、陽気で、率直で、強く、健康的だった。もとのクリスティーンはのろまで、神経質で、弱く、とてもまじめだった。クリスティーンが思慮分別のある手紙を書くと、サリーが出てきてそれを破ってしまった。クリスティーンがたばこを断ると、サリーが出てきてたばこに火をつけた。つまり、サリーはクリスティーンの人生を地獄に変えてしまったのだが、それでもなお二人は同じ身体に住んでいたのである。

ビーチャム嬢の症例は多重人格の古典的なものの一つであり、一八四〇年から一九一〇年にかけては何百もの症例が報告されている。精神医学者、医師、研究者らは皆、二つ以上の異なる人格が一つの身体を支配することがあると信じていた。たとえば、ウィリアム・ジェームズは、このような症例はほかの催眠現象と同じように、一つの脳がたくさんの意識的な自我を交替で持ったり、あるいは同時に持ったりできることの証明になると考えていた。このような意識的な自我は共存意識とか下位自我などと呼ばれた。

やがて多重人格の症例はさらに奇妙なものになっていった。人格の数は増していき、何が起こっているのかを説明する理論はなかった。このため、二十世紀はじめには多重人格という考えにたいする反発が生じてきた。専門家たちは、多重人格現象の全部が、従順な女性患者にたいする男性医師の説得や催眠によって作り出されたものだと主張した。実際、多くの多重人格が催眠によって誘発され、一部の症例は明らかに催眠によって回復したのである。しかし、ひとりでに生じて、人々の関心を捉え続けた症例もあった。一九五〇年代の映画『イブの三つの顔』や一九七〇年代の「十六の人格にとりつかれた女性」シビルの有名な物語などがそうである。

このような症例に続いて、新たな多重人格ブームが起こった。一九九〇年までにはアメリカ合衆国で二万以上の症例が多重人格と診断され、テレビや本によって多重人格の考えが広められた。だが、ふたたび専門家からの批判が起こり、流行は衰えていった。一九九四年には「多重人格」という語に代わって「解離性同一性障害」という語が用いられるようになり、いまや多重人格という言い方をする専門家はほとんどいない。

これらの症例がとても奇妙に感じられるのは、心を別々の部分に解離させることができるという考えのせいだろう。ほかの催眠現象でも同様に、奇妙な心の解離を伴うものがあり、白熱した議論を呼んでいる。この議論は現在でも決着がつかないままである。ヴィクトリア風の伝統的な見方では、催眠は、心の一部が他から切り離された解離状態だとされた。催眠術師は解離された心の一部に直接話しかけることで、夢遊病者(患者はしばしばこう呼ばれた)にふだんとは違った振舞いや考えをさせたり、ふつうの目覚めている状態ではできないような芸当をさせたりさえした。

十九世紀以降、催眠によるトランス状態は偽物で、催眠にかかった患者は実験者に従ったり、役を演じたりしているだけだという批判が起こった。これと同じ議論はおおむね二十世紀全体をとおして続いたが、同時に一つの大きな疑問が起こり、それをめぐる議論も生じていた。催眠はある特別な意識状態——おそらく解離した状態——なのか、それともそうではないのか。「状態論者」はそうだと言い、「非状態論者」はそうではないと言った。

この二つの理論をテストする試みが何度も行われてきた。決定的な実験は、催眠にかかった被験者たちをその対照群となる被験者たち、つまり催眠にかかったふりをするように言われたり、あるいは誘導の手続きなしに催眠の暗示を想像し、催眠を体験するように言われたりした被験者たちと比較する実験であった。対照群の被験者たちが「ほんとうに催眠にかかった」被験者たちと同じ現象を示したならば、催眠状態を特別な状態と考える必要はないということになる。

多くの実験で、二つの被験者群に違いがないという結果が得られた。これは非状態理論に有利な結果であり、多くの心理学者たちは、催眠状態には特別な点など何もないという結論に満足していた。それでも、いくつか奇妙な点は残っていた。たとえば、催眠にかかった被験者のなかには、非論理的あるいは不可能な状況を受け入れるという「トランス論理」の状態になる人がいる。たとえば、彼らは同じ人の姿を同時に二つ見たり、ある対象の向こう側に隠れているものを見たりするのである。このような状況は対照群の被験者には受け入れられないものである。

もう一つの奇妙な結果が、一九七〇年代に心理学者のアーネスト・ヒルガード(一九〇四—二〇〇一)によって発見された。当時、催眠術にかかった被験者は手を氷水につけていても(これは被験者に害を与えることなく痛みを生じさせる方法として、心理学実験でよく用いられる）、痛みを感じないと述べることが、いくつかの実験から明らかになった。ヒルガードは、それでも、人の心の奥深くでは痛みを感じていると考えていたので、患者たちにたいしてこう言った。「私があなたの肩に手を置けば、私はあなたの隠れた部分に話しかけることができますからね……」。実際に彼が肩に手を置いたとき、患者たちは自らの痛みや苦しみを語った。そして別の実験では、無視されているようにみえた刺激や、忘れられていた出来事が「隠れた観察者」によって語り出された。その様子はまるでほかの誰かがずっと意識的経験を持っていたかのようだった。

こうした発見に基づいて、ヒルガードは独自の新しい解離理論を作り上げた。この理論によると、通常の状態では、執行自我の指揮下で複数の制御システムが働いているが、催眠状態では催眠術師が自我の働きを乗っ取るため、行為が自発的でないように感じられたり、幻覚が現実的なものに感じられたりするようになるのである。この理論は、心の個々の部分がそれぞれ意識を持った別々の人間のようなものだとする初期の解離理論とはかなり異なる。しかし、一つの脳が一度にひと組以上の意識経験を持つことができるという考えは、初期の理論から引き継がれている。

言うまでもないことだが、この理論は多くの理論のうちの一つにすぎず、研究者のあいだで意見の一致はいまだ得られていない。研究は百年以上続いているにもかかわらず、催眠が特別な意識状態なのかどうか、また、催眠がほんとうに意識の分割を引き起こすと言えるのかどうかは、まだわかっていないのである。

よけいに混乱してきたが、ここでもう一度、「私は誰なのか、何者なのか」という問いに戻ろう。これまで見てきた現象はすべて、一つの身体に一つの意識が宿るという通常の見方を脅かし、自我の例外的なあり方と通常のあり方の両方を説明するにはいったいどうすればよいのかと私たちを戸惑わせる。一度に複数の意識的経験を持つことが可能なら、どうして私たちは自分の意識が統一されているように感じるのだろうか。

自我の理論

自我が存在するという感じを説明しようとする理論はたくさんある。たとえば、人間の本質、自己同一性、道徳的責任にかんする哲学的理論や、社会的自我の構築、自己帰属、自我のさまざまな病理についての心理学的理論、そして自我の脳基盤についての脳神経科学的理論などだ。これらをすべてここで考察することはできないので、以下では、意識の問題に明らかに関係してくるいくつかの理論を取り上げるにとどめたい。

ウィリアム・ジェームズによる一八九〇年の著書『心理学原理』は、心理学の歴史のなかで最も有名な本とされている。二巻に及ぶこの大著のなかで、彼は精神機能、知覚、記憶のあらゆる側面に取り組み、経験を持つ自我の本質についての問題と格闘している。彼によれば、この問題は「心理学が扱わなければならない問題のなかで、最もわけのわからない難問」なのである。

ジェームズははじめに、経験的な自我あるいは客観的な人物としての「私(me)」と、主観的で自覚的な自我あるいは純粋な自我としての「わたし(I)」を区別する。意識の流れのなかで生じている感覚と知覚を受け取ったり、注意や努力、意志の源になったりするのは、この「わたし」であるように思われる。だが「わたし」とは何なのか。ジェームズは、彼が「魂理論」と呼ぶものを拒否するが、同時にその対極にある考え、すなわち、自我は虚構であり、「わたし」という代名詞が指すのは想像上の存在にすぎないという考えも拒否する。

彼自身の解決は、一つの精妙な理論によって与えられている。この理論はおそらく、「思考はそれ自体思考者である」という彼の有名な言葉によって最もよく表されている。彼によれば、私たち自身の思考は、ある種の温かさと親密さを備えている。彼はこの温かさと親密さをつぎのように説明する。一つの瞬間に、ある特別な種類の「中核思考(Thought)」が存在し、その中核思考は意識の流れの内容の一部を排斥して、残りの部分を取り込み、それらを統合して「私のもの」と称する。そしてつぎの瞬間には、別のそのような中核思考が生じて、まえの内容を引き継ぎ、それらを自分に結びつけて、統一感を作り出す。中核思考はこのようにして思考者のように思えるのだ、と彼は述べている。これは持続的な自己や自我をまったく含んでいないため、きわめて現代的な理論のように思われる。しかし、ジェームズは極端な束理論を拒否しており、依然として意志の力と個人的な魂の力の存在を信じていた。

百年経って、脳神経科学者たちがいま、この問題を取り上げている。たとえば、ラマチャンドランは、彼自身の充塡知覚の研究(第4章参照)を問題にしている。この現象は、いったい誰のために知覚像の充塡が行われるのかという問題を引き起こすように思われる。この研究をとおして、彼はつぎのように述べている。「……私たちはついに科学と哲学における最も困難な問い、つまり自我の本質についての問いに取り組むことができる」。ラマチャンドランによれば、充塡は誰かのためでなく、何かのためのものである。そしてその何かとは、脳内で起きている別のプロセス、つまり大脳辺縁系のプロセスなのである。

グローバル・ワークスペース理論も、同じ議論の筋道をたどり、互いに作用し合うニューロンの特定の集まりを自我とみなす。たとえば、バースの理論では、意識の劇場で何がスポットライトのなかに入ってくるかは、文脈の階層構造によって決定される。それらの文脈のなかで最も支配的な文脈が、情報を報告したり、使ったりすることを可能にする自我システムである。この理論によれば多重人格は、階層のなかの異なる文脈がグローバル・ワークスペースおよび記憶と感覚を利用しようとして互いに競争することから説明できる。だが、この説明では、ジェームズやヒルガードによって描き出されたような種類の共存意識は認められない。

もう一つの例として、ダマシオの多層枠組みが挙げられる。まず、単純な生物の体内では、ある一連の神経パターンがその時々の生物の状態を表しており、ダマシオはこの一連の神経パターンを原自我と呼んでいる。もっと複雑な生物では、中核的自我と結びついた中核的意識がある。この意識は記憶や思考、言語に依存することなく、今ここにいる自我の感覚をもたらす。この自我は、瞬間的な自我であり、脳と相互作用する対象ごとにたえず新たに作り出される。最後に、思考と自伝的記憶の能力によって、持続した意識と自伝的自我が生じる。これはあなたの人生の物語のなかで語られる自我である。この自我は、脳内の映画の所有者であるとともに映画の登場人物でもある。

これらの理論すべてに共通しているのは、自我を特定の脳内プロセスと同一視している点である。このような理論は、自我の起源と構造を説明する足がかりにはなるかもしれないが、意識の謎をそのまま残してしまう。それぞれの理論では、一連の脳内プロセスが自我によって経験されるのは、それらのプロセスが別のある脳内プロセスに提示されたり、そのプロセスにとって利用できるものとなったりするためであるとされた。だが、なぜこれによってそれらの脳内プロセスが意識的経験となるのかについては、いまだ説明が与えられていないのである。

最後に、まったく異なるアプローチがデネットによって提案されている。彼はデカルト劇場の存在を否定するだけでなく、ショーを見る観客の存在も否定する。彼によれば、自我には説明が与えられなければならないが、自我は物理的対象が存在するような仕方では(あるいは、脳内プロセスが存在するような仕方でさえ)存在しないのである。自我は物理学における重心と同じように、役に立つ抽象物なのである。実際のところ、彼は自我を「物語的重力の中心」と呼んでいる。私たちの言語が自我の物語を作り出すため、私たちは一つの身体に加えて、意識を持ち、意見を抱き、決断を行う一つの内なる自我があると信じるようになるのである。ほんとうは内的な自我などなく、使用者にとって害のない幻——役に立つ虚構——を生じさせるような、複数の並行的プロセスがあるだけなのだ。

どうやら、私たち自身の大切な自我について考えるさいには、きびしい選択を迫られるようだ。たとえ自我が見つからず、深い哲学的困難に陥るとしても、なお自我の感覚に固執して、持続的な自我や魂の存在を認め続けるということも可能である。また、自我をある種の脳内プロセスと同一視して、そもそもいったいなぜこの脳内プロセスが意識を持つのかという問題を棚上げにして考えないようにすることも可能である。あるいは、私たちの自我の感覚に対応するような持続的な存在をいっさい認めないことも可能である。

私は、知的な観点から言えば、この最後の道を取るべきだと考える。問題は、個人の人生においてこの考えを受け入れるのが非常に難しいということだ。この考えを受け入れるならば、すべての経験について根本的に異なる見方を取らなくてはならない。つまり、この経験を持っている誰かなどはおらず、私が存在するような気がするときはいつも、その「私」は一時的な虚構にすぎず、一瞬まえ、あるいは先週、もしくは去年、存在したように思われたのと同じ「私」ではないということを認めなくてはならないのだ。これは至難の業だが、訓練すれば簡単になっていくだろうと思う。

6 意識的な意志

私たちには自由意志があるのか

まえにぐっと腕を伸ばしてから、いつでも好きなときに、自分の自由な意志で、手首を曲げてほしい。

あなたは手首を曲げただろうか。曲げなかったのであれば、あなたは面倒なことをしたくないと決意したにちがいない。いずれにせよ、あなたは決意したのである。そしてその瞬間に、あなたは自分の手首をパッと曲げたか、あるいはまったく曲げなかったかである。ここで疑問が生じる。誰が、あるいは何が、決意し、行為を始めたのか。それはあなたの内なる自己だったのか。それは意識の力だったのか。たしかにそのように感じられるのだが、すでに見たように、内なる自己という考えには深刻な問題があり、しかも内なる自己が存在したとしても、どのようにしてそれが行為を生起させるかはまったくわかっていない。したがって、あなたが自分の手首を曲げるかどうか、そしていつ曲げるかを決定する多数の脳過程が次々と生起していただけなのかもしれないのである。

もちろん、これは脳の解剖学的証拠と一致する。人間や動物の実験から、意志的行為の制御についてはたくさんのことが知られている。手首を曲げるといった何らかの意志的行為が実行されるとき、多数の脳領域が関与する。おおまかに言うと、その系列はこういうものである。まず前頭前皮質で活動が起こり、その活動は前頭前皮質と結合している運動前皮質に伝えられる。運動前皮質は行為をプログラムし、そのプログラムは運動前皮質と結合している第一次運動皮質に伝えられる。それから、この運動皮質は筋肉を動かす指令を送り出す。

脳のほかの領域はそれぞれ特定の行為に関係している。たとえば、発話のさいには、ブローカ野が運動出力を生み出す。このブローカ野は右利きの人の場合、たいてい左半球に存在する。また、補足運動皮質は事前に計画した行為の正確な順序づけとプログラミングを行い、前帯状回は行為ならびに情動や痛みに注意を払うことに関係している。さらに、人間の脳画像による証拠が示しているように、もっぱら前頭前皮質背外側部と呼ばれる領域が、いつ、どのように行為するのかを決定する主観的な経験と関係している。

それゆえ、問題は以下のようになる。感覚情報が到来したときにどのニューロンが活性化するか、また行為が計画され実行されるときにどのニューロンが活性化するかは、科学によって明らかにできるが、何を行うかを決めることは、前頭前皮質であれ他のどの領域であれ、およそニューロンが

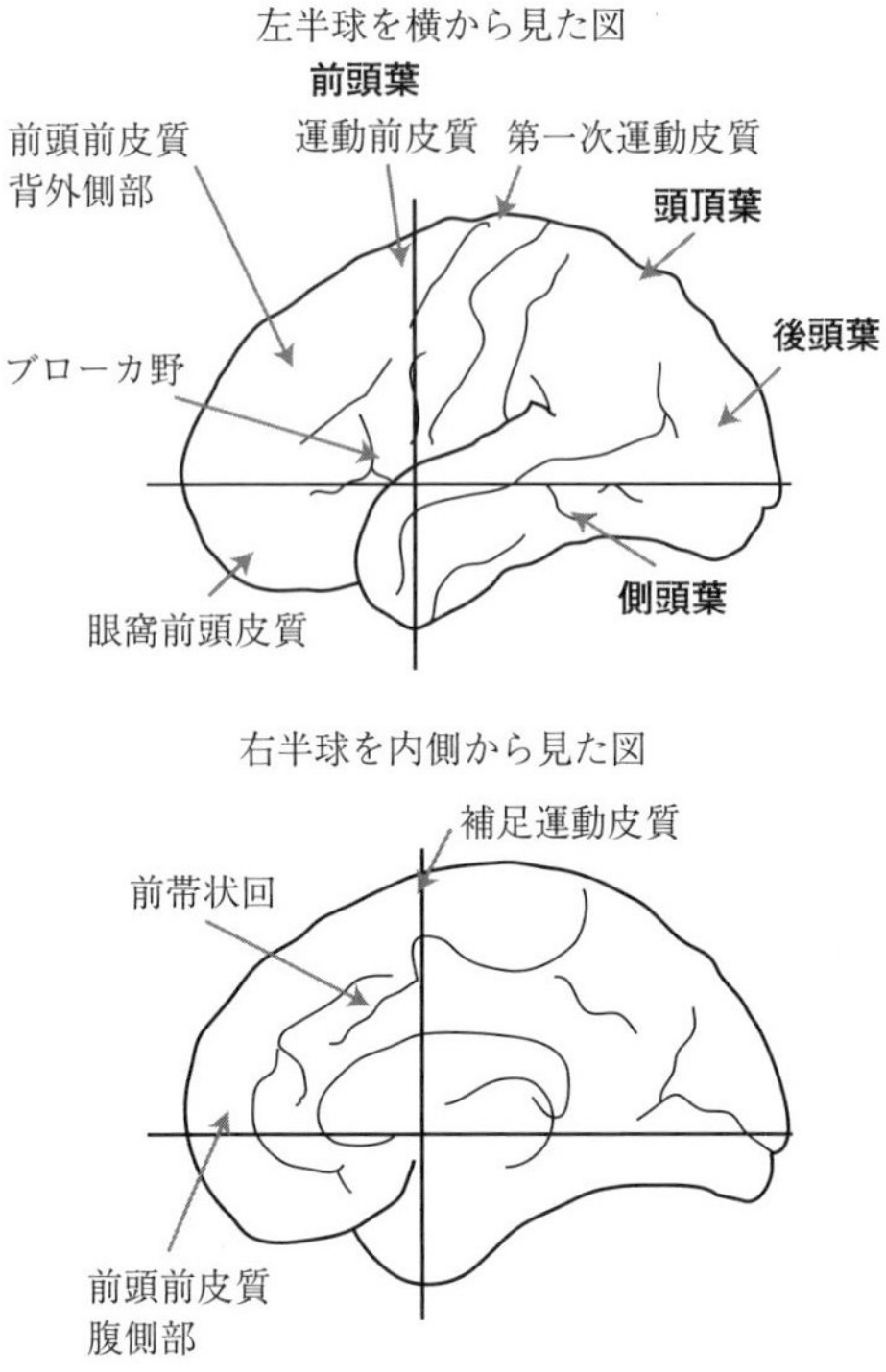

図18　意志作用に関与する脳領域．意志的行為を行うとき，神経活動は前頭前皮質から運動前皮質と運動皮質を経由して伝達される．ここで名前を挙げたほかの領域も関与するだろう．意識が干渉する必要はどこにあるのだろうか．内なる自己はどこで，どのようにして作用するのだろうか．

発火することとは異なるように感じられる。むしろ、あたかもニューロンとは別の何か――自己、意識――が存在していて、それによって私は自分の望み通りに自由に反応できるように感じられるのである。

これは古典的な自由意志の問題である。デイビッド・ヒュームは、自由意志の問題を形而上学のなかで最も議論を呼ぶ問題だと考えた。実際、自由意志の問題は、古代ギリシアから現代に至るあらゆる哲学のなかで、いちばん議論されてきた問題だと言われている。この問題は熱い感情をかきたてる。というのも、自由は責任を含意するからである。私たちは自分を責任のあるものとみなし、また他者を彼らの行為にたいして責任のあるものとみなす。というのも、他者は彼らが行った通りに行為することを自分で自由に選択したのだ、と私たちは考えるからである。自由意志がなければ、人間の道徳的責任は危機に瀕し、それに伴って法律も危機に瀕するように思われるだろう。

問題は一つには決定論と関係している。現代の科学者たちと同じく、多くの古代の哲学者たちにも、宇宙は決定論的に思えた。すなわち、すべての事象は先立つ事象によって決定されているように思われた。そうだとすれば、生起するいっさいは不可避的であり、いっさいが不可避的なら、私のすべての行為もあらかじめ決定されている。したがって、自由意志の余地はない。このように議論は進む。そうすると、結局、何かある行為を選択しても仕方のないことであり、ほかの行為をすることもできたと言っても何の意味もないことになる。

自由意志と決定論が両立しないことを認める哲学者たちがいる。彼らの議論によれば、決定論は偽であるか(これはありそうもないことであり、証明するのがきわめて難しい)、あるいは自由意志は錯覚にちがいないか(結局のところ、自由意志は魔術、つまり不可能な非物理的介入であることになるから)のいずれかである。放射性崩壊などの量子物理的な現象に見られるような真にランダムな過程を決定された世界に付け加えても、自由意志のための抜け道にならないことに注意してほしい。なぜなら、それらの過程が真にランダムなら、そのような過程にはいかなる影響も与えることができないからである。

これとは反対に、「両立論者」は、自由意志と決定論の両方が真となるような多くのさまざまなあり方を見いだしている。たとえば、決定論的な過程のなかにはカオス的なものがある。つまり、それらの過程は初期条件によって完全に決定されているにもかかわらず、原理的に予測できないきわめて複雑な結果をもたらすことがある。また、決定された世界においてさえ、人間は複雑な選択を行わなければならない。ほかの動物やある種の機械と同じく、人間は複雑な構造を備えた行為者であり、多数の決定を行わなければならない。実際、そうしなければ、彼らは生き延びることができなかったであろう。一部の両立論者たちにとって、道徳的責任や法律のための基礎としては、この種の意思決定で十分である。そしてこれを意志の自由とみなして満足する論者たちもいる。

それでは、意識が関わってくるのはどこでだろうか。ある意味では、この問題全体を深刻なものにしているのは意識である。ある人たちにとっては、私たちをほかの動物や機械と区別するのは、人間が持つ自己意識的な思考の能力である。私たちが自由意志を持ち、それゆえ選択にたいして責任を負うことができるのは、私たちが選択肢を比較考量して結果を考えることができるからだ、と彼らは考えている。とはいえそう考えると、私たちはすぐに同じ問題に連れ戻されることになる。意識が自由意志を可能にする力のように思い描かれるなら、結局のところ、それは魔術——それ以外の点では因果的に閉じた世界への不可能な干渉——であることになる。しかし、意識がそのような力ではないとするなら、意識的に制御しているという私たちの感覚は錯覚でなければならない。

どちらが正しいのだろうか。それを決めるのに役立ちそうないくつかの実験がある。

意識的な行為のタイミング

腕を伸ばして手首を曲げるというあの単純な課題をあなたは実行しただろうか。実行していないなら、いまやってみるべきだ——あるいは、実行したなら、あらためて何度かやってみるべきだ。なぜならこの単純な行為は、意志的な行為の心理学において悪名高いものだからである。

一九八五年に、リベットがある実験を報告した。それは数十年経ったいまでもなお議論されている。彼はつぎのように問うた。人が自発的かつ故意に自分の手首を曲げるとき、その行為を開始するものは何か。それは行為しようとする意識的な決定なのか、それともいくつかの無意識的な脳過程なのだろうか。答えを出すために、彼は被験者にたいして、好きなときに手首を曲げることを少なくとも四十回行うように求めた。そしてつぎの三つの時点を測定した。行為が現れた時点、運動皮質で脳活動が始まった時点、および被験者たちが行為しようと意識的に決めた時点である。

最初の二つの時点は容易に決定できる。行為そのものは手首に付けた電極で検出できる（EMG、つまり筋電図による測定）。脳活動の開始は、頭皮上の電極を用いて、次第に増加する「準備電位（RP）」と呼ばれる信号を検出することによって計測できる（EEG、つまり脳電図ないし脳波による測定）。難しいのは、被験者たちが行為しようと決めた瞬間を測定することである（リベットはその瞬間を「意志（will）」の頭文字Wで表す）。ここで問題となるのは、被験者に声を出すとかボタンを押すことなどを求めると、ちょうど手首を曲げるときに生じたのと同じように、この新しい行為が生起するのにさらに遅れが生じてしまうということである。また、声を出そうと決めることが、手首を曲げようという測定の対象となっている決定に、何らかの影響を及ぼしてしまうかもしれないという懸念もある。そこでリベットは、Wを計測する特別な方法を考案した。彼は被験者たちのまえに、時計の針のように光点が円周上を回るスクリーンを置いた。つぎに彼は、被験者たちにその時計を見つめて、自分が行為しようと決めた瞬間の光点の位置に注意するように求めた。そして行為が完了したあとで、被験者たちにその決定の瞬間の光点の位置を述べてもらった。こうしてリベットは被験者たちの決定の瞬間を決めることができたのである。

それでは、最初に出現したのはどれだったのか。Wか、それとも準備電位の開始か。あなたはあらかじめ、自分がどちらと考えるかはっきりさせたいと思うかもしれない。というのも、それによって、自己、意識、自由意志についてのあなたの一般的な見方が明らかになると思われるからである。

リベットの実験結果によれば、行為の決定Wは行為より約二〇〇ミリ秒（五分の一秒）まえに生じていた。しかし、準備電位RPはWの三五〇ミリ秒まえに、すなわち行為の約五五〇ミリ秒まえにすでに生じ始めていたのである。言い換えると、運動を立案する脳過程は、人が動こうと意識的に欲するよりも三分の一秒以上まえにすでに始まっていたのである。脳にとって、これはきわめて長い時間である。だから人が動こうと意識的に決めるよりもまえに、多数の神経過程が生起していたにちがいない。

この発見がかくも多くの論争を引き起こしてきたことは驚くにあたらないだろう。結局のところ、それは意志的な行為にかんする私たちの最も基本的な仮定――行為の決定が脳過程を開始させるという仮定――を脅かすように思われるのである。とはいえ、よく考えてみれば、意識的な決定が脳過程に先行するという考えは、魔術以外の何ものでもないだろう。それは、意識がいわば無から出現して、脳内の物理的事象に影響を及ぼすことができることを意味する。このようなことを許す理論は、デカルトの理論やポパーとエクルズの理論のような二元論だけであり、私たちはすでにこれらの理論がなぜ見込みがないのかを見てきた。

そうだとすれば、じつは誰もリベットの発見に驚くべきではなかったことがわかろう。だが、人々は驚いたのである。哲学者、脳神経科学者、心理学者、そして生理学者たちが

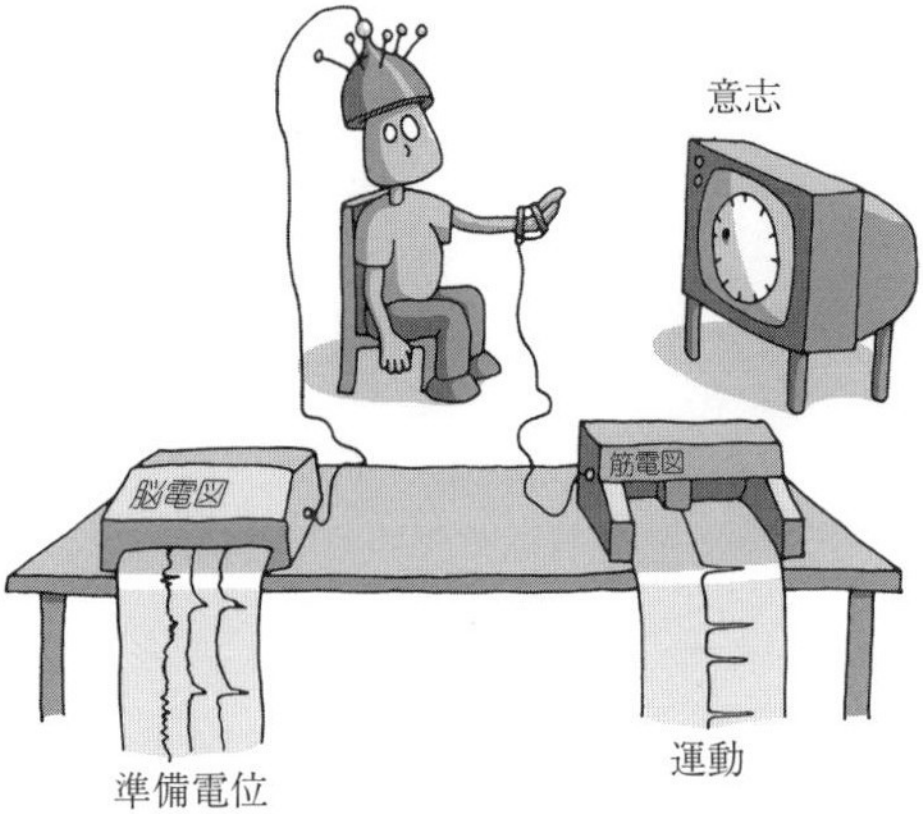

図 19　リベットの実験では，被験者は好きなときに，自発的に手首を曲げた．彼はつぎのものを計測した．1. RP(準備電位の開始)，2. M(運動の開始)，3. W(行為しようと意志した，もしくは意識的に決めた瞬間)．どれが最初に出現するか．

こぞってリベットの実験結果が何を意味するかをめぐって、長期にわたる複雑な論争を展開した。ある論者たちは、結果を額面通りに受け入れて、意志的行為の過程を開始するには意識の出現は遅すぎるから、それは最終の原因とはなりえないと断じた。このことは私たちが自由意志を有していないことを意味する、と彼らは結論した。

この結論に異議を唱えた人たちの一部は、実験結果に疑問を呈して、たとえばWを計測する方法、用いられた課題、あるいは実験デザインに問題があると主張した。しかし、リベットはほとんどの問題を排除する多数の対照実験を行い、またあとに行われた再現実験によって、彼の発見はおおむね確証された。

さらに別の論者たちは、リベットの実験結果は自由意志にとって重要となる行為には当てはまらないと論じた。たとえば、リベットの実験課題で被験者が選択できたのは、いつ行為するかということだけであって、どの行為を遂行するかは選択できなかった。また、仕事の申し出を受けるかどうかや子どもをどう育てるかといった難しい選択は言うまでもなく、ベッドから抜け出すとか、読書をするといった複合的な行為は、単純な手首の運動と同等に扱うことはできない。このようにして彼らは、重要な自由意志については、リベットの結果がそれを否定する証拠にならないと論じた。

リベット自身はこれらの批判を受け入れなかった。また、自由意志が錯覚であることも受け入れなかった。その代わり彼は、意志的行為において意識がある別の役割を果たすことを見いだした。彼は、被験者たちがときどき、自分の運動が生じる直前にその運動を中断したと述べることに気づいていた。そこで彼は、これを検証するために別の実験を行い、そのような場合には、準備電位RPは通常通り生じ始めたが、つぎに平坦になり、行為が生じるはずの時点の約二〇〇ミリ秒まえに消失することを示した。このことから、彼は「意識的な拒否権」の存在を主張した。意識は手首の曲げを開始することはできないが、それを阻止するように作用することはできる、と彼は述べた。言い換えると、私たちは自由意志を有していないとしても、「自由な拒否権」は持ち合わせているのである。

これは自由や責任にとって重要な意味を持つとリベットは主張した。ようするに、私たちは自分の傾向性や衝動を意識的に制御することはできないが、それらを行動に移すのを意識的に阻止することはできるのである。それゆえ、たとえば、私たちはたんに殺人や、レイプ、盗みを行おうと想像するだけなら、それにたいして責任があるとされるべきではない。そうした想像の衝動は意識的な制御のもとにはないからである。しかし、私たちは自分たちが実際にはそういったことをしないだろうと考える。なぜなら、私たちは意識的な拒否権を有しているからである。このようにして、リベットは意識の力を放棄せずに、自分自身の発見を受け入れることができたのである。実際、彼はさらにさきへ進み、主観的経験がその本性上、ほかに類を見ない根源的なものであるとする「意識的な精神場の理論」を展開した。主観的経験からなる精神場は脳活動から創発して、つぎにはその脳活動に作用し影響を与えることができる。この統合された強力な場によって、意識のじつにやっかいな二つの特徴——私たちの精神生活の統一性と自由意志の感覚——が説明できると彼は主張した。

最後に、リベットの実験は、意識的経験の時点を決定できるという誤った考えに基づいているから、まったくの見当違いだという最も鋭い批判がある。第3章で見たように、時間と意識にかんする実験は、ありとあらゆる種類の混乱と相矛盾する帰結を生み出した。一つの打開策は、意識の時点を決定するという考えを徹底的に疑う見方をとることである。リベットの実験は、意思決定が意識に上った瞬間W、つまりそれが意識的となった瞬間を決定することによって成り立っているのを思い出してほしい。しかし、そのような時点があると言うことに、はたして意味があるのだろうか。

意識経験の時点を決定するという考え全体が問題をはらんでいる。なぜなら、それはふた組の時点があることを前提としているからである。脳事象が生起する時点と、それらの脳事象が「意識的となる」ないしは「意識に上る」時点である。言い換えれば、瞬間Wを決定できることを認めると、意識経験が脳事象と別であることを認めることになるのである。

これに代わる案として、意識経験が特定の時点に生起する事象であることを否定する考えがある。この考えでは、実験には多少違った解釈が与えられることになる。つまり、被験者は運動がまさに生じそうになったことを知ったときの光点の位置を報告したと言うのはよいが、決定が意識的に行われたのはまさにその時点だと言うのは許されない。この見解では、意識的な意志が行為を始められないのは、その登場が遅すぎるからではない。そうではなく、意識的な意志が脳内で進行する過程とは別の何ものかではなく、したがっていかなる種類の力ないし能力でもないからである。

意志の感覚

意識が私たちの行為の原因であるという考えは、以上の議論や実験のいずれによっても疑問に付される。だが、意識が行為の原因であるという感覚は相変わらず残る。そこで、まさにこの感覚がどのようにして生じるのかを考察することが有益だろう。行為が生じるとき、私たちはそれが自分によって引き起こされたのか、それともほかの誰かによってかを決定しなければならないが、そのさい私たちが陥る誤りには二つの種類がある。この二つはいずれも示唆に富む。

第一に、自分で何かをしているのに、誤ってほかの誰かによってなされていると思ってしまうことがある。電気の研究で有名な物理学者マイケル・ファラデー(一七九一－一八六七)は、一八五三年に意識的な制御にかんする決定的に重要な実験を行った。十九世紀なかごろのその当時は、スピリチュアリズムの熱狂が最盛期を迎えていた。スピリチュアリズムはニューヨーク州の小さな町から始まって、ヨーロッパやアメリカ全土に広がり、霊媒たちは彼らが死者の霊との交流だと称するとっぴな実演を行っていた。人気を博した交流法の一つは、テーブル傾斜現象と呼ばれるものであった。

この種の降霊会では、数名が円形のテーブルの周りに座り、テーブル上に自分の手の平を置く。つぎに、霊媒が霊を呼び出し、その霊が名乗りをあげると、不思議なことにテーブルが動き始める。

「はい」のときは一回、「いいえ」のときは二回、テーブルの脚で軽く床を叩くように霊に求めたり、あるいはもっと手の込んだアルファベットのコードを用いたりすることによって、霊とのやりとりがなされる。着席者たちは、亡くなった両親や配偶者や子どもたちと話しができたと信じて、家路についた。最も劇的な降霊会では、テーブルの脚が軽く床を叩くのではなく、テーブルが傾いたり、一本の脚で立ったり、完全に床から浮き上がったりすることさえあったそうだ。

当然のことながら、至るところで詐欺の告発が起こり、隠れていた共謀者や、伸縮自在の入れ子式の棒や、隠された糸が見つかって、逮捕される霊媒もいた。しかし、とても欺く機会がなさそうな霊媒もおり、また実演の最中にロープで自分を縛って目隠しをした者さえいた。ファラデーは何が起きているのかを明らかにしたかった。結局のところ、新しい力がほんとうに関与しているなら、それを発見することによって、物理学を転換することができるだろう。死者の霊の意識が重いテーブルを動かすことができるなら、どのようにしてかを彼は知りたかった。

謎を解くために、彼は薄い糊で数枚のカードをテーブルに軽く接着した。そうすることで、カードのうえに置かれた着席者の手が動くと、カードも少し動くだろう。霊がほんとうにテーブルを動かしているなら、カードがテーブルの動きより遅れるのが見いだされるだろう、と彼は推理した。しかし、着席者が押したり引いたりしているなら、カードはテーブルよりさきに動くはずである。結果は明白であった。カードはつねにテーブルよりもさきに動いたのである。つまり、霊ではなく、着席者たちが動かしていたのである。

ファラデーは綿密に着席者たちに質問して、彼らが自分のしていることを理解していないと確信した。彼はさらに実験を行い、今度は、着席者たちがカードにたいしてどれほどの強さの横向きの圧力をかけているかを測る計器を用意した。彼らがその計器を見ることができるときには、すべての動きが停止した。ファラデーは、着席者たちが欺いているのではなくて、彼らは「無意識的な筋肉活動」をしているのだと結論した。これは、私たちが自分で何かをしているのに、そう思っていない場合があるということをはじめて実証したものであった。

もっと最近のウィジャ盤にも、同じ原理が当てはまる。ウィジャ盤では、盤の縁にグルッと文字や数字が配置されていて、参加者たちはひっくり返したコップの底に自分の指を載せる。質問がなされると、誰も意識的にコップを動かしていないのに、コップが動くように思われる。これはつぎのようにして生じる。まず、腕の筋肉はすぐ疲労してしまい、自分の指の位置を把握し続けることが難しくなる。そして指がほんのわずか動くと、その指の位置を調節しようとして、それよりもはるかに大きな動きを起こしてしまう。このような調節はごくふつうに起こる。実際、私たちがじっと立って直立を保つとか、熱いお茶をこぼさずにじっとカップを手で持つときには、そのような調節が不可欠である。どの筋肉も絶対的に静止し続けることはできないので、私たちの身体は不断の調節を行うために絶え間なく微動しているのである。

注意してほしいが、無意識的な筋肉活動が存在するからといって、それは運動の源泉となる「無意識」なるものが存在するということを意味しない。それが意味するのはただ、人々が自分で行為しながら、それに気づかない場合があるということだけである。並列的な多重制御システムを備えた身体が自動的に行為を行ってしまうので、人々は自分で行為しているようには思わないのだ。

この種の誤りのなかでも、けっして愉快とはいえない実例が統合失調症の人に見られる。統合失調症は世界中で発生していて、人口の一パーセントが罹る重篤な精神疾患である。その疾患をかくも痛ましいものにしているのは、自己制御の感覚が失われていることである。統合失調症の最も一般的な症状は幻聴であり、多数の統合失調症の患者たちが自分に話しかけてくる声を聞く。死者の霊、壁のなかに住む小人、宇宙空間からやって来た異星人が自分と交信しようとしているのだ、と固く信じている患者もいる。また、自分の考えが音声となって皆に聞こえるように放送されている、と感じる患者もいる。さらに、周りの人が自分の心にいろいろな考えを吹き込んでいると思っている患者もいる。脳の画像化装置を使った実験によって、患者たちがそのような声を聞くときに活性化している脳部位は、健常者がそのような声を想像するときに活性化する部位と同じであることが示された。したがって、患者たちは自分で想像しているのだと考えて間違いないだろう。だが、彼らは自分で想像しているのではないと確信しているのだ。こうしたことがどのようにして起こるのかが理解できれば、統合失調症の効果的な治療に大きく近づけるだろう。

この種の誤りの最後の例として取り上げたいのは、一九六〇年代に行われた興味深い実験のさいに生じたものである。その当時、脳の手術を行うときには、しばしば頭蓋骨を切開して、脳の広い領域に処置を行うことができるようにしていた。イギリスの脳神経外科医ウィリアム・グレイ・ウォルター（一九一〇―七七）は、治療の一環として患者の運動皮質に電極を埋め込んで、患者にスライド映写機を操作するよう求めたときに何が起きるかを調べた。ある条件下では、患者たちは好きなときにボタンを押して、つぎのスライドを見ることができた。しかし、別の条件下では、グレイ・ウォルターが患者の脳から出力をとってそれを増幅し、その信号を用いてスライドを替えた。患者たちはひどく動揺した。彼らは、ボタンを押そうと思うだけで、ひとりでにスライドが替わってしまうと言った。実際には自分が制御しているのに、彼らは意志するという感覚を持たなかった。このことが何を示すにせよ、ともかくそれが確実に示しているのは、意志の感覚が間違うことがあるということである。

意識的意志の錯覚

人間は、自分たちが観察する出来事が、計画や意図をもった生物によって引き起こされているとき、そのことをあっという間に見抜く。ごく幼い子どもであっても、自分で動く対象にたいしては、ほかのものによって押されたり引っ張られたりする対象とは別の仕方で反応する。そして彼らは、成長するにつれて「心の理論」と呼ばれるものを発達させ、他人が欲求、信念、計画、意図を持つ者であることを理解するようになる。まるで私たちは、生物を検出してそれに行為を帰属させるように生まれついているようだ。実際、まさにそうなのであって、そのような能力はちゃんとした生物学的な理由によって進化してきたと考えられる。出来事がほかの生物と無関係な運動なのか、それともほかの生物の故意の行為なのかを正しく解釈できるかどうかによって、自分の生存がたやすく左右されたであろう。

人々はこの能力を用いて安易な飛躍を行う。つまり、出来事が行為者によって引き起こされていないのに、引き起こされているとすぐ考えてしまうのである。実際、漫画とテレビゲームが成功したのはこの能力による。その能力のせいで観客は、きわめて粗雑に生物を表現したものであっても、ジェリーがトムから逃れるように、また、哀れなケニーがまたしても殺されずに済むように、大声で叫びながら願うのである。また、無生物について、あたかもそれが心を持つかのように語るのは、まったく自然なことのように感じられる。「私の腕時計は木曜日だと思っているよ」とか「このノート・パソコンは私の講義を台無しにするつもりだ」などと述べても、誰もそれを奇妙だとは思わない。デネットは、このような語り方をするときに私たちがとっている態度を「志向的態度」と呼んだ。つまり、彼によれば、私たちは他人(あるいは、パソコン、時計、漫画のキャラクター)を、まるでそれらが心を持っているかのように扱うのであり、それはふつう、出来事を理解する効果的な近道なのである。

私たちはこれと同じ習慣を自分自身にも向ける。つまり、他人に欲求や意図を帰属させるだけでなく、それと同じ種類の欲求や意図を持ち、ものごとを引き起こす内なる自己が私たち自身のうちにあると想定する。それゆえ、私たちが何かを意志したという感覚を持つとき、それこそが「私」

超自然的な信念

人はなぜかくも幽霊や霊魂、神を信じやすいのか。進化心理学者スティーブン・ピンカーは、気候や天体、健康と病気のパターンを理解しようとするとき、私たちはほかの目的で進化してきた脳や知覚システムを使うしかないと主張している。つまり、私たちはただもう志向的態度をとるしかないのであり、そうすることで、誰かが私たちの見ている出来事を引き起こしたにちがいないと考えるのである。

これと同じ自然な性向によって、スピリチュアリズムや霊媒の実演がかくも魅力的に感じられる。心理学者リチャード・ワイズマンがヴィクトリア時代の降霊会を再現したとき、着席者たちは物体が暗闇に浮かぶのを見、皮膚への接触を感じ、鐘が鳴るのを聞き、そして霊が自分の周りを動いていると確信したのである。それらの現象は奇術師によってでっち上げられたものであったが、信じていない人でさえ、そのトリックに騙された。なぜなら、物体が動くのを見ると、私たちは誰かがそれを動かしているはずだと思ってしまうからである。誰かが物体を担いで歩き回っている場合とちょうど同じように、物体が動くと、私たちは物体を担ぐ者がそこにいると想像してしまう。このようにして、幽霊や霊魂がたやすく呼び出されるのである。

がそれをしたという感覚なのである。進化にかんするかぎり、意志の中心部分が虚構であることは、それが有益な虚構であるかぎり問題にならない。

これまでと同様、私たちはある過程がうまく働かないケースから、その過程について多くを知ることができる。人々があることを引き起こしながら、自分でそうしたという対応する感覚を持たない事例についてはすでに考察した。これと反対のことが生じる場合もある。

一つの例は「制御の錯覚」と呼ばれるもので、抽選やゲームでよく起こる。自分でくじの番号を選べるとき、人々は勝てる可能性が高くなったと考え、実際に勝ったなら、まるで自分がその結果を引き起こしたかのように感じる。同様に、制御の錯覚が存在しなかったら、カジノはまったく儲けることができないだろう。なぜなら、人々が偶然のゲームをし続けるのは、自分の行為が違いをもたらすのだという感覚が絶えることなく生じるからである。超常現象への信念も、制御の錯覚によって強化される。たとえば、ある結果を引き起こそうと念じて、たまたまそれが生じれば、人は自分がその結果を引き起こしたのだと強く感じてしまう。夕方、ずっと友人のことを考えていて、その友人がたまたま電話をかけてくると、人は自分の思考がその電話を生じさせたのだと強く感じる。このような感覚から、私たちはときに、思考の遠隔作用は論理的に不可能だという考えをあっさり捨ててしまうことがある。

さらにいっそう強力なのは、自分の思考が自分の行為を引き起こすという感覚である。心理学者ダニエル・ウェグナーは、意識的な意志の経験を一種の因果的判断だとみなす。彼によれば、自由意志は大きな間違いを犯すことによって引き起こされた錯覚である。この錯覚は三段階で生じる（ただし、どの段階もとてもすばやく起こる）。第一に、私たちの脳が行為を計画し始める。第二に、この脳活動がその行為をしようという思考を生じさせる。第三に、その行為が起こって、あら不思議、私たちは一足飛びに、自分の意識的思考がその行為を引き起こしたと判断する。

たとえば、あなたが受話機を手に取って、友人に電話しようと思ったとしよう。そのとき、まず、脳活動が行為を計画し始める（おそらくこの脳活動は、先行する脳活動と外界の出来事によって引き起こされたであろう）。つぎに、この脳活動が電話をかけようという思考を生じさせる。最後に、あなたの手が伸びて受話機を取る。すると、あなたは、自分の意識的思考がその行為を引き起こしたのだという誤った結論に飛びつくのである。

ほんとうにこのようなことが生じているのだろうか。ウェグナーは答えを出すために、いくつかの実験を考案した。意志の経験が生じるには三つの条件が必要だ、と彼は言う。すなわち、思考は行為に先立って生じなければならない。思考の内容は行為と合致していなければならない。そして行為に思考以外の原因が伴っていてはならない。このことを検証するために、ウェグナーは、伝統的なウィジャ盤から思いついた実験を行った。ウィジャ盤では、ファラデーの傾斜するテーブルと同様、無意識的な筋肉活動が鍵を握っていた。ウェグナーの実験では、コップの代わりに、コンピュータ・マウスに取りつけられた小さな板が使われた。二人のプレーヤーがその板のうえに自分の指を載せ、その板によってスクリーン上のカーソルを動かした。スクリーンには、五十個ほどの小

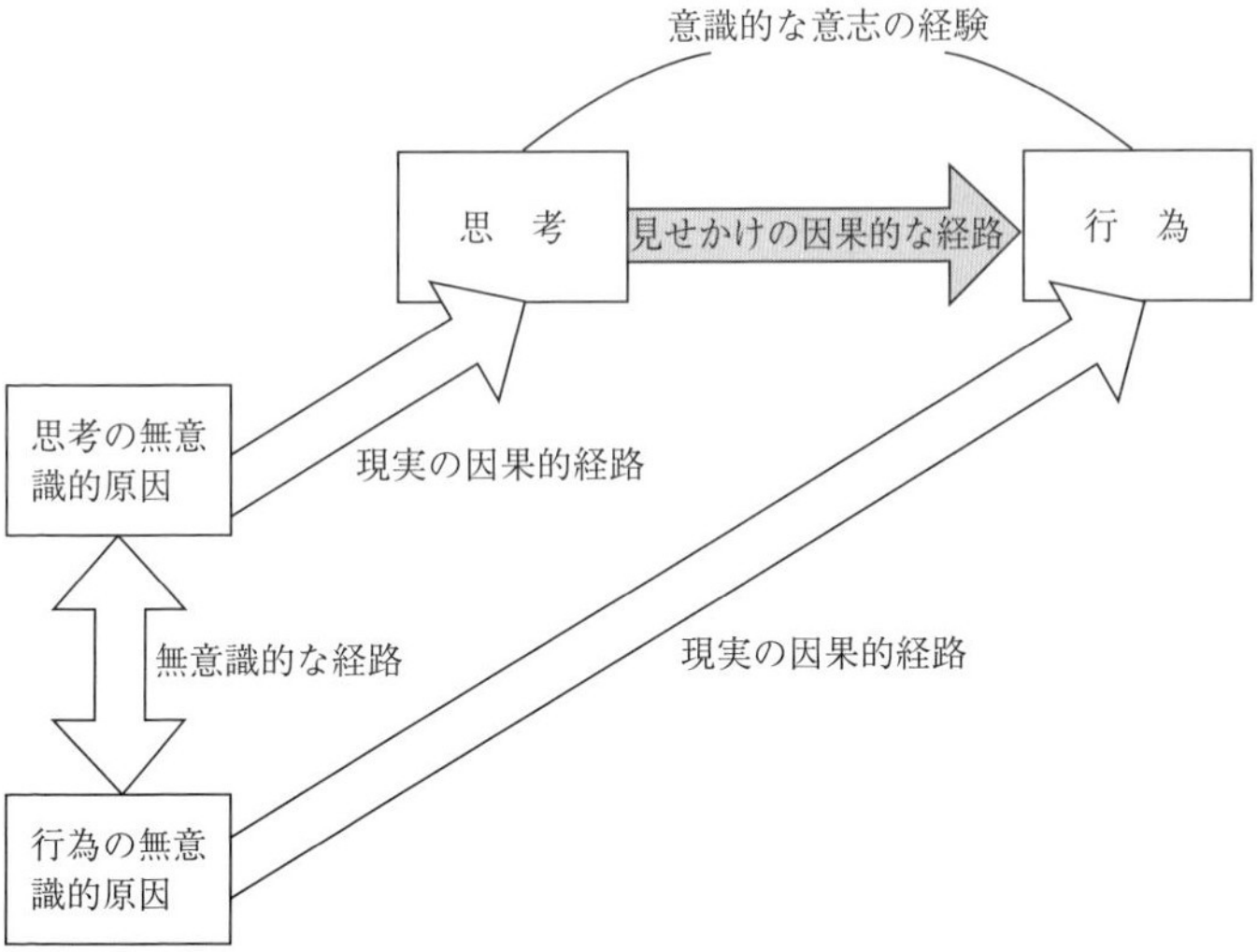

図 20　意識的な意志の錯覚．ウェグナーによれば，無意識的過程が行為についての思考と行為そのものの両方を生じさせる．すると，私たちは自分の思考が自分の行為の原因だと誤って推理してしまうのである．

さな対象が表示されていた。彼らにはヘッドフォンをとおして単語が聞こえるが、停止信号が聞こえるまで、彼らはマウスを動かし続けなければならない。じつは一方のプレーヤーはサクラであって、マウスを止める操作を行っていた〔サクラは被験者が耳にした単語が表す対象のうえにカーソルを動かしてマウスを止めた〕。この仕掛けによって、ウェグナーはつぎのことを示すことができた。すなわち、ある条件下では、被験者たちは、じつはほかの人によってマウスが止められたのに、自分でマウスを止めたと絶対の確信をもって信じてしまう。これが起こるのは、ウェグナーが予想したように、被験者が停止直前に対象の名前を聞いたときであった。

ウェグナーは、意識的な意志の錯覚はまさに手品と同じように働き、それと同じ理由で生じると主張する。手品師たちは、観客に、自分でカードを選ばせ、自分で数字を思いついたと信じさせようとし、私たちは皆、特別な注意を払わないかぎり騙されてしまう。私たちの意識的思考が私たちの行為の原因であると信じるのも錯覚だとウェグナーは断じる。それに同意するかどうかはともかく、私たちがじっさいにそのような誤りを犯すことを考えると、何かを意志するという感覚が自由意志を支持する証拠にも、否定する証拠にもならないことが確かにわかる。

あなたがウェグナーに同意して、自由意志が錯覚だと結論したとすると、あなたはどんな人生を送ることができるだろうか、あるいは送るべきだろうか。ある人たちは、何をしても無意味であり、すべてをあきらめたほうがよいと結論する。しかし、それは以上の議論から必然的に帰結することではないし、また、それを実行に移すのも容易ではない。さじを投げたほうがよいと思うなら、結局、自分が何をすることになるか自問してほしい。そうすれば否が応でも、何もしないでいることは不可能だという事実に直面することになろう。一日中ベッドで過ごすことは、何もしないことではないし、しかも結局は、食事やトイレのために起き上がらなければならない。あなたの人生を終わらせることは、何もしないことではないし、容易なことでも楽しいことでもない。自由意志を信じなければ、人生はどのようになるだろうか、という問題と真正面から向き合うことによって、錯覚からの解放がより容易になるだろう。

しかし、錯覚から解放されても、それでどうなるのだろうか。自由意志が厳密には錯覚であるとしても、それはきわめて強力な錯覚であり、したがって自由であるという感覚は、もはやそれが真実であるとは信じていない人たちにおいてさえ持続する。そのような人たちは、まるで自由意志が存在する「かのように」、そして自分や他人が自己を有している「かのように」自分たちは生きているのだと語ることがある。そうすることで彼らは、あることが真実ではありえないと知っていながらそのことを信じる、というようなことをしないで、正直に生きることができるのである。また、ほかの人たちにとっては、自由であるという感覚は最終的には消滅することになろう。

7

変性意識状態

睡眠と夢

夢など見ないと言い張る人もたまにいるが、夢は誰もが見るものだ。この点は簡単に証明できる。夢を見ないと言う人であっても、彼らの脳がレム睡眠（REM、すなわち急速眼球運動を伴う睡眠）に特徴的な信号を発しているときに起こしてやれば、ほぼ確実に夢の話を報告してくれるだろう。つまり、夢を見ない人は、ほんとうはたんに忘れっぽいだけなのだ。人によって違いがあるのは、夢を見るか見ないかではなく夢を思い出す能力なのである。この点は、毎朝彼らに鉛筆と紙を渡し、起きたときに覚えていることを何でもいいから書いてもらうというやり方でも示せる。これは誰にでもできるし、たいていは夢の記憶を劇的に増大させる効果がある。多くの人々は数日間で夢に圧倒されてしまい、以前のあやふやな夢の記憶しか持たない状態に戻るとおおいに喜ぶ。

夜の通常の睡眠では、脳はノンレム睡眠の四つの段階を繰り返す。はじめは第一段階から第四段階へと向かい、そしてふたたび第一段階へと戻るのだ。それからレム睡眠の段階に入る。このパターンは、一晩で四、五回繰り返される。人々を異なる段階で起こしてやると、彼らの報告する経験も異なってくる。レム睡眠のあいだは、彼らはつねにではないが、たいてい夢を見ていたと言う。一方、ノンレム睡眠のあいだは、何かを考えていたとか、ほとんど動かない対象を眺めていたとか、何もしていなかったなどと言うだろう。子どもや赤ん坊でさえ同じ心理状態を示すが、複雑で鮮やかな夢を見る能力は、認知的スキルと想像力の発達とともにゆっくり高まっていく。

睡眠の生理学的な仕組みと、それがいくつかの仕方で誤作動を起こすことについては、多くのことが知られている。しかしその一方で、じつは睡眠を意識状態として見た場合には、あまり確かなことはわかっていないのである。

意識に関係する多くのことがらと同様に、意識状態と変性意識状態(altered states of consciousness, ASCs)も一見すると明らかなもののように思える。たとえば、ふつうの状態と、酔っぱらったり熱でうわごとを言ったりしている状態とで違った感じがするということは、誰もが知っている。そして、経験したことがなくても、私たちは、薬物で興奮状態にあるときや神秘的な状態にあるときには、ふつうと違う感じがするだろうと推測できる。よって、これらの状態はすべて変性意識状態と呼ぶことができる。

しかし、変性意識状態をきちんと定義しようとすれば、いつもすぐに困難に突き当たってしまう。

さしあたり明らかな定義の仕方がふた通りある。第一に、ある人がどれだけの量のアルコールを飲んだか、どの催眠方法が用いられたかなどといった、客観的基準を使うことが考えられる。だが、二人が同じ量だけ酒を飲んでも、一方は完全に酔っぱらい、もう一方はけろりとしているという場合もあるので、この方法は理想的ではない。同じように、催眠技法も人によって効き目が異なり、まったく効かない人もいる。唯一の生理学的パターンと結びついている意識状態というのはほとんどなく、脳状態を計測しても混乱した結果が出てしまう。行動にまったく異常が見られなかった人が、自分は完全な変性状態にあったと言うこともあるので、行動による基準もときには役に立たないことがある。いずれにせよ、これらすべての客観的指標は、実際のところ、変性状態とは**あなた**がどう感じるかということであり、本人の私的な状態だという点を見落としているようだ。

このため、ふつうは主観的な定義が好んで用いられる。たとえば、心理学者チャールズ・タートは変性意識状態を「自分の意識が通常と根本的に異なっていると経験者が自ら感じるくらい、精神の働き方全体が質的に変化してしまうこと」と定義している。この定義はたしかに変性意識状態をそれなりに捉えているが、同時にいくつかの問題も生み出す。たとえば、「通常の」状態とは何なのか。また、(他人の眼から見れば)明らかに異常な状態にあるのに、本人はまったく通常だと主張するような場合はどう説明するのか。

また、奇妙なことに、この定義はきわめて明らかな状態、つまり夢に眼を向けたときにも問題に突き当たる。ふつうの夢の一番の特徴は、私たちが少なくとも夢を見ているときには、自分の「意識が根本的に異なっている」とは感じないことである。目を覚まして「夢を見ていたのだろう」と言ったあとではじめて、私たちはそのように感じる。このため、そもそも夢が経験なのかどうかを疑う人々さえいる。結局のところ、私たちは夢を見ているときに夢を経験しているようには思えず、ただあとで思い出すだけのように思われる。では、実際のところ夢は見かけ通りほんとうに生じたのだろうか、それとも目が覚めたときにでっち上げられたのだろうか。そして、どちらなのかを知ることは可能なのだろうか。

興味深いことに、真相を突き止める方法がある。たとえば、音を聞かせたり肌に水滴を落としたりすることによって、さまざまな特徴を夢のなかに組み込むことができる。そのようなことをされた人々は、目が覚めたあとに、教会の鐘や滝の夢を見たと報告することがある。これらの出来事が起こった時点を彼らに見積もってもらうことで、夢はそれが生じると思われたのとほぼ同じ時間に実際に生じていることが示されるのである。

さらに優れた方法は、意のままに明晰夢を見ることができる珍しい人々を利用するものだ。明晰夢とは、夢を見ているときに「これは夢だ」とわかっているような夢のことである。調査では、およそ五割の人々が明晰夢を見たことがあると述べ、二割はかなり頻繁に見ると述べている。これは、明晰夢を見たことがない人には、相当奇妙な話に思われるだろう。典型的な明晰夢は、夢のなかで何かおかしなことが生じ、夢を見ている人が疑いを持ち始めたときに起こる。私はこの建物のうえまでどうやってたどり着いたのだろう。そして、亡くなったと思っていた祖母が、なぜここにいる

夢は経験だろうか

一般に受け入れられている夢の理論はないが、説明されるべき非常に奇妙な事実は存在する。たとえば、私たちは夢を見ていたときには、夢を意識していなかったにもかかわらず、目を覚ますと夢を見ていたことを思い出す。夢が現実の時間に沿って進むことは、実験により明らかになっているが、その一方で、目が覚めたときに夢がでっち上げられることを示すような逸話も多い。最も有名なのがフランス人の内科医アルフレッド・モーリー（一八一七―一九三二）の逸話で、彼はフランス革命の時代に断頭台に引っ張っていかれる夢を見たのだが、目が覚めると、ベッドの頭部側の板が首のところに落ちていたのである。

この両方を説明できる理論が一つある。レム睡眠の最中には、無数の脳内プロセスが並行して生じており、どのプロセスも意識に「入って」もいなければ、そこから「出て」もいない。目が覚めたら、残っている多様な記憶の断片から一つの物語を紡ぎ出すことで、あとから物話をでっち上げることができる。実際に紡ぎ出された物語は、紡ぎ出すことができた多数の物語の一つにすぎない。実際に見た夢などない。つまり、「意識のなか」で実際に生じた物語などない。この「遡及的選択」理論では、夢は寝ているあいだに心のなかを通り過ぎていく経験の流れなどではないのだ。

図 21　睡眠麻痺になると，身体の筋肉すべてが麻痺し，目だけしか動かせなくなってしまう．多くの文化では，睡眠麻痺にまつわる寓話がある．たとえば，ニューファンドランドの魔女は悪魔のような姿形をした老婆で，夜中に現れ，寝ている人の胸をうえから押し付けて動けないようにしてしまう．

のだろう。私たちはふつう、夢のなかでおかしなことがあっても受け入れてしまうが、彼らはそれが現実ではありえないと悟る。するとすべてが変化する。夢のなかの風景はそれまでよりも鮮明なものになり、夢を見ている人はいつもの起きている状態の自我に近い感じを持ち、夢を操ることもできるようになる。この時点まで来ると、多くの人々は空を飛んで遊び始めるが、明晰夢が長続きすることはまれであり、たいていは無自覚なふつうの夢の状態へとすぐに戻ってしまう。

少数の、ごくまれにいる明晰夢の達人たちは、実験室での実験を通じて、夢のなかから合図を送ることができるようになった。レム睡眠のときには、体の筋肉はほぼすべて麻痺している。そうでなければ、夢のなかの動きが実際に身体の動きとして現れるだろう。だが、それでも目は動き、呼吸は続いているので、明晰夢の達人はときに目の動きによって合図を送ることができるのである。これにより、実験者は彼らの夢の時間を計って、夢を見ているあいだの脳活動を計測することができる。一般的に言うと、この実験は夢の実際の時間を確定するとともに、夢を見ている人が実際に通りを走ったり、テニスをしたり、歌をうたったり、何であれ夢に出てくることを実際に行うときとまったく同じような脳活動が生じることを示す。実際に行うときとの違いは、彼らが身体を使ってそれを行うわけではないということである。

このレム睡眠時の麻痺状態から、また別のことが起こる。人々はときに、麻痺が消えるまえに目が覚め、動けないと気づくことがある。これは睡眠麻痺［金縛り］として知られているが、何なのか知らなければ、とても恐ろしい体験かもしれない。この体験はたいていゴロゴロいう音やきしるような音、無気味な光、そして誰かが近くにいるという感覚を強く伴う。多くの文化には、睡眠麻痺にまつわる固有の寓話がある。たとえば、夜中にやってきて人々の胸のうえに座るという「ニューファンドランドの魔女」や、中世の民間伝承における夢魔などである。宇宙人による誘拐の経験はこれらの寓話の現代版かもしれない。目覚めと夢のあいだの不快な麻痺状態のなかで、鮮明な体験がでっち上げられたのである。

薬物と意識

薬物が意識に影響を及ぼすことは、意識が脳に依存することを非常に強く示している。そんなことは明らかだと思われるかもしれないが、私がわざわざそう述べるのは、心が脳から独立で、脳が死んでも生き残ると信じている人々がたくさんいるためである。向精神薬がもたらす影響をひとたび理解し始めると、心と脳が独立だという考えを持ち続けることはたいへん困難になる。

向精神薬は、精神の働きに影響を及ぼす薬物である。このような薬物は、私の知るかぎり、あらゆる文化で見つかっている。人間は意識を変化させる方法を探すことに無限の喜びを見いだしているようだ。向精神薬の多くは誤って用いられると危険であり、死につながることもある。多くの文化では、誰がどの薬物を摂取してよいか、どのような状況下で、どのような準備をすればよいかを定めた、複雑な儀礼・規則・伝統のシステムがある。例外は現代の西洋文化である。そこでは薬物の禁止によって、かえってそのような自然な保護システムが発達できなくなり、最も強力な向精神薬の多くが危険に対する理解や保護のない若者たちによって路上で買い求められ、摂取されている。

向精神薬にはいくつかの主要なグループがあり、それぞれ異なる効果がある。麻酔剤は意識を完全になくしてしまうために使われる薬物である。最初の麻酔剤は亜酸化窒素すなわち「笑気」のような単純なガスだった。これらは大量に吸うと意識のない状態を引き起こすが、少量ならば神秘的状態や哲学的洞察をもたらすと多くの人々が言っている。現代の麻酔剤はたいてい三種類の異なる薬物から成っており、これらの薬物にはそれぞれ痛みの軽減、リラックス状態の誘発、記憶の消去という働きがある。

麻酔剤の研究は、意識を理解するためのよい方法だと考える人もいるだろう。意識を意図的に増大させたり減退させたりすることで、意識とは何なのかがわかるかもしれない。だが実際のところ、麻酔剤は多くの異なる仕方で働くとはいえ、たいていは脳全体に働くことが明らかになっている。したがって、脳のなかに「意識の中心」、すなわちスイッチが入れられたり切られたりする特定のプロセスが存在するという証拠は、麻酔剤からはまったく得られないのである。

抗精神病薬、抗うつ剤、精神安定剤といったほかの向精神薬は、精神医療において使われている。精神安定剤の一部は濫用薬物となっている。ほかの鎮静剤、つまり、中枢神経系の働きを鎮静させる薬物も同様である。鎮静剤にはアルコール（興奮作用と鎮静作用の両方を持つ）やバルビツール剤などがある。麻薬にはヘロイン、モルヒネ、コデイン、メタドンなどがある。これらの薬物は、ストレスと報酬に関わる脳内の化学物質であるエンドルフィンと似た働きをする。麻薬は一部の人々にとっては強烈な快感をもたらすが、中毒性は非常に高い。

興奮剤にはニコチン、カフェイン、コカイン、アンフェタミンなどがある。これらの多くは高い中毒性を持つ。同じ効果を保つには服用量を増やしていかなければならず、服用をやめると不快な症状や薬物への渇望が生じる。コカインはふつう、鼻から吸入されるが、「クラック」に加工して吸うこともある。この場合は効き目が早く出るため、より強力で中毒性も高い。アンフェタミンは現代のデザイナードラッグ〔違法製造された麻薬幻覚剤〕の多くを含む大きなグループである。例としてＭＤＭＡやエクスタシーなどが挙げられるが、これらは感情とともに興奮と幻覚を起こす効果を持つ。

意識の理解という観点から最も興味深い薬物は、幻覚剤である。幻覚をまったく引き起こさない薬物もこのなかに含まれるので、「幻覚剤」という名称は完全にふさわしいものではないかもしれない。実際のところ、専門的に言えば真の幻覚とは、経験者が現実と勘違いしてしまうようなものである。統合失調症患者が頭のなかに聞こえる声を部屋の壁から聞こえてくるものと本気で信じている場合などがその例である。この定義では、幻覚誘発性薬物の多くは「疑似幻覚」を生じるにすぎない。なぜなら使用者はそれらがどれも現実ではないと知っているからである。このため、これらの薬物は心を顕在化するという意味のサイケデリック、あるいは心を解き放つという意味のサイコリティックといった名称でも知られている。

大麻はそれだけで独立のグループを成しており、しばしばマイナー・サイケデリックと呼ばれる。これは学名カンナビス・サティーヴァ（Cannabis sativa）、すなわちアサと呼ばれる美しい植物から得られ、この植物は医薬品として、またロープや布を作る強い繊維の原料として五千年以上もまえから用いられてきた。多くの十九世紀の芸術家たちが作品制作のために大麻を服用し、また、ヴィクトリア朝の人々は大麻を医薬品として用いた。二十世紀には、大麻は多くの国で違法となったが、それにもかかわらず現在でも広く使用されている。大麻はふつう、マリファナ（葉や花を乾燥させたもの）またはハシシ（植物の大麻から採られた樹脂を、花粉と粉状にした葉や花に混ぜて固形状にしたもの）の煙を吸うという仕方で服用される。ハシシは生で、あるいは調理して食べたり、アルコールや牛乳に溶かして飲んだりすることもできる。

大麻の主要な有効成分はデルタ－9－テトラヒドロカンナビノールだが、ほかにも六十以上のカンナビノイドと、ほかの多くの成分が含まれている。これらの成分は脳や免疫系にたいして、それぞれが少し異なる影響を与え、互いに作用し合うこともある。ほとんどが脂溶性で、体内に数日間から数週間も残り続けることもある。大麻の効果を説明するのは難しいが、それは効果が複雑で変化に富んでいるためでもあり、また、大麻を使った人々が何が起きたかを言葉では説明できないためでもある。大麻を吸うと誇大妄想になる人々もいるが、より効果の大きい種類の大麻が栽培されるにつれ、この症状は増えているように思われる。しかし、多くの人々にとっては、大麻の効果はごくわずかであり、リラックス効果や感覚の増強、単純な感覚に対する快感の増大、笑いやすくなる傾向、性的快感の増大、他者への開放的態度、時間の進みが遅くなる感覚、そして記憶にたいするさまざまな効果などが見られる。実験によれば、意欲が減退し短期記憶がひどく損なわれることが示されているが、このような効果はふつう一時的なものである。

この最も広く使用されている快楽薬物の効果がとても不明瞭なままにとどまっているのは、奇異な感じがするかもしれない。しかし、大麻を吸ったとき、人々の意識に何が起こるのか、またなぜ大麻はこんなにも多くの人々にとって気持ちのよいものなのかを適切に説明できるような意識の科学を、私たちがまだ手にしていないことは確かなのである。

主要な幻覚剤は、はるかに劇的な効果を持っていて、ふつうは大麻よりずっと効き目が長く、コントロールするのも難しい。おそらくそのせいで、幻覚剤は大麻ほど広く使用されていないのであろう。幻覚剤には以下のようなものがある。DMT（ジメチルトリプタミン、これは幻覚作用を持つアヤフアスカという南アメリカの飲み物の成分)、シロシビン(「マジックマッシュルーム」に含まれる)、メスカリン(ウバタマサボテンから得られる)、ＬＳＤ(リセルグ酸ジエチルアミド)を含む多くの合成薬物、そしてさまざまなフェネチルアミンとトリプタミン。これらの薬物の多くは、脳内の四つの主要な神経伝達物質、つまりアセチルコリン、ノルアドレナリン(ノルエピネフリン)、ドーパミン、セロトニンのどれかに似ており、これらの物質の働きと互いに影響し合う。これらの薬物はどれも大量に服用すると有毒であり、もともとあった精神疾患を悪化させることもあるが、一般的には中毒性はない。

最もよく知られている幻覚剤は、おそらくＬＳＤであろう。ＬＳＤは一九六〇年代、人々が「ターン・オン、チューン・イン、ドロップ・アウト」(スイッチを入れろ、波長を合わせろ、社会に背を向けろ)の合言葉に駆り立てられたころに有名になった。ＬＳＤはおよそ八時間から十時間の幻覚体験を誘発する。この幻覚体験が「トリップ(旅行)」と呼ばれるのは、幻覚が永久に続くように思われ、しばしば一生をかけた大旅行のように感じられるためである。色彩が劇的に強められるだけでなく、身のまわりのものが風変わりな形をとることもある。壁紙はくねくね動く色とりどりの蛇になり、通り過ぎる車は十五メートルの翼を持ったドラゴンに変わる。このような幻覚は愉快ですばらしいものに感じられることもあれば、まったくもって恐ろしいものに感じられることもある。この場合、幻覚体験は「悪酔い」につながる。幻覚体験はしばしば、神秘的な幻覚を含む霊的感覚と、日常的な自我感覚の喪失を伴う。自分が動物や別の人間になってしまったとか、宇宙と一体になってしまったと感じることが多いのだ。LSDによるトリップは軽々しく始めていいような旅ではない。

一九五四年、『すばらしい新世界』の著者オルダス・ハクスリー（一八九四―一九六三）はメスカリンをはじめて服用し、そのときのことを「知覚の扉」が開かれた体験だと書いている。いつも見ているものが色鮮やかで素敵に見え、周囲の何もかもがすばらしく、世界は完璧に「そのものである」ように見えた。彼の描写はさまざまな神秘的経験の描写に似ているが、実際のところ、幻覚剤は「エンセオジェン（entheogen）」つまり内なる神を開放する薬であると述べる人々もいる。

この点から、薬物は真の宗教的体験を引き起こすことができるのかという興味深い問いが生じる。ある有名な研究で、アメリカ人の聖職者・物理学者のウォルター・パーンケは二十人の神学生にたいし、伝統的な受難日の礼拝のあいだに薬を与えた。半数は偽薬を飲んで穏やかな宗教的感覚だけを体験したが、もう半数はシロシビンを飲んで、うち八人が強い神秘的体験をしたと報告した。批判的な論者は、このような体験を「真の」神秘的体験より劣ると言って退けるが、そうするためには、「真の」神秘的体験が何なのかがすでにわかっていなければならない。

異常な経験

体外離脱経験から徘徊症や幻覚に至るまで、自発的に起こるきわめて劇的な変性意識状態が、驚くほど多くの人々（おそらく三〇－四〇パーセント）によって報告されている。このような経験は、ときに「特異体験」と呼ばれる。とくに当人の自我の感覚や、世界との関係が変化する場合などはそう呼ばれる。

体外離脱経験（out-of-body experiences, ＯＢＥｓ）は、人が自分の身体を離れ、身体の外のどこかから世界を見ているように思われる経験のことである。二〇－二五パーセントほどの人々が、少なくとも一度はこれを経験したことがあると言っている。この経験はふつう、ごく短いものだが、長い距離を飛行したり、違う世界に行ったりしたように思えると言う人々もいる。ＯＢＥはたいてい気持ちのよい経験だが、とくに睡眠麻痺と組み合わさったときには、恐ろしい経験になることがある。

このＯＢＥの定義は、かならずしも何かが実際に身体から抜け出たことを意味しないという点に注意してほしい。当人がそのように感じさえすればよいのである。この点についてはさまざまな説がある。たとえば、精神や魂、もしくは意識が身体を抜け出し、身体が死んでも生き続けるのだろうと信じる人々もいる。「幽体離脱」理論によれば、不思議な「幽体」なるものが体外に出る。この考えをテストするため多くの実験が行われたが、どれも成功しなかった。たとえば、物理的道具、重さを測る器具、動物、他人などから構成された検出装置が使われたが、幽体や魂を確実に検出する装置は見つかっていない。あるいは、ＯＢＥを持っている人々に、隠された数や文字、物体、場面などが見えるかどうかを試す実験も行われた。そのような対象が見えると主張する人は多いが、彼らの記述は一般に、偶然程度の確からしさしかない。この点をもって身体から何も抜け出ていな

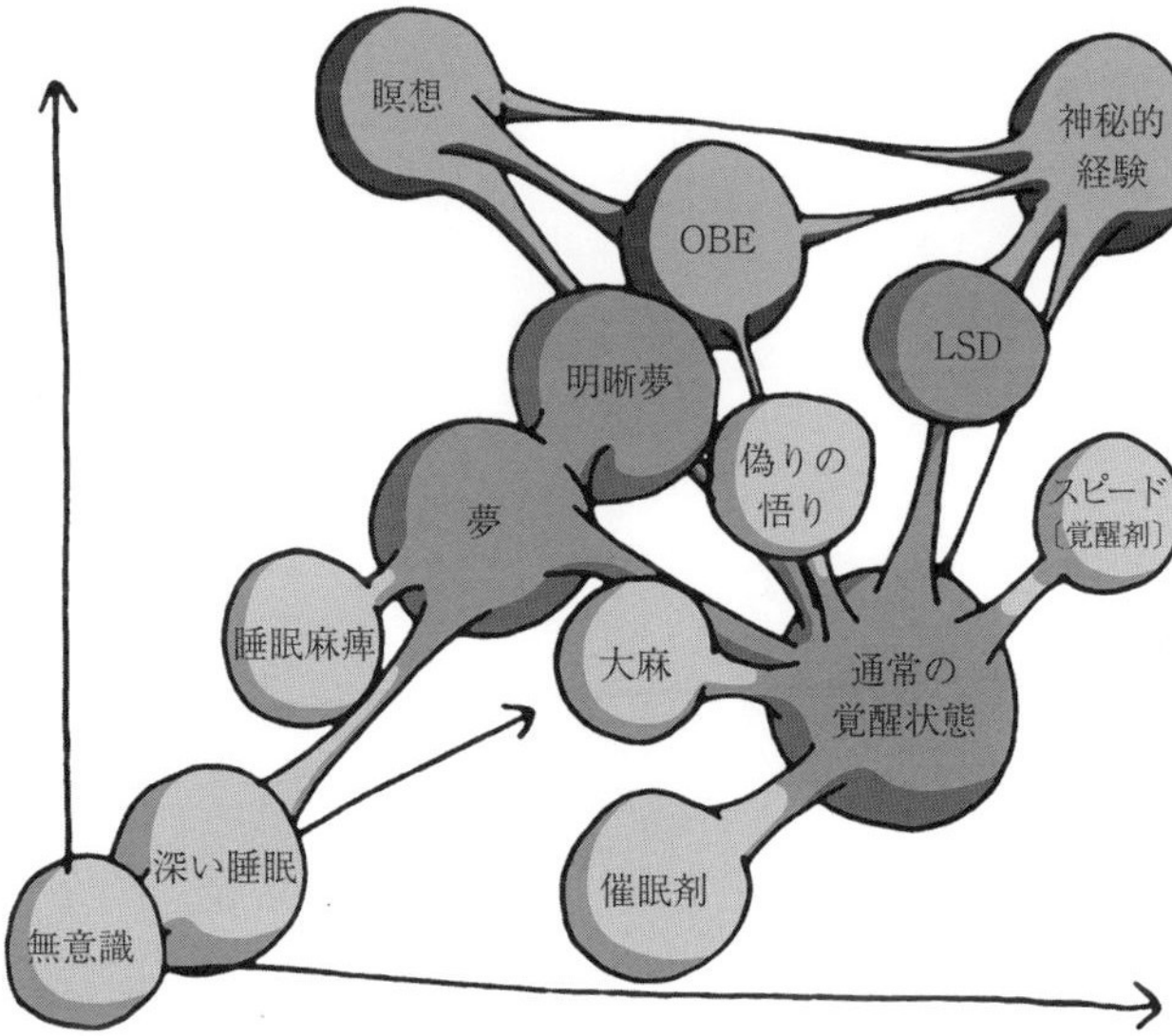

図 22　意識状態の地図を作ることはできるだろうか．ひとつの意識状態からほかの意識状態への移行は，広大な多次元空間のなかの移行のように感じられることもある．その空間のなかには，簡単に手の届く意識状態から遠く離れた意識状態までが含まれているのだ．このような地図を作ろうとした人はたくさんいるが，どんな次元が関係してくるかを明らかにするのは難しい．

いと断言することはできないが、何かが抜け出ているという説得的な証拠がないのは確かである。

心理学では、ＯＢＥは、私たちの身体イメージと現実のモデルがどのように変化する可能性があるかという観点から説明される。上空から見下ろしたような視点の夢を見ることが多い人や、視点の変更をイメージすることが得意な人は、ＯＢＥを持ちやすいことが明らかにされている。ＯＢＥはほとんどいつでも生じる可能性があるが、覚醒と睡眠の境界にいるときや、深いリラックス状態にあるとき、そして恐怖とストレスを感じているときに最もよく生じる。また、この経験は、脳の右側頭葉の一部である身体イメージを構築し制御する部分に電気刺激を与えることで、故意に引き起こすこともできる。

死にそうになったときに、一連の奇妙な経験をしたと言う人々がよくいる。このような経験はまとめて臨死体験(near-death experience, ＮＤＥ)と呼ばれる。一連の経験はその順番が少しずつ異なり、またそのすべてを経験した人はごく少数だが、最も一般的な流れはつぎの通りである。暗いトンネルのなかや暗い空間を通って、明るい白光や金色の光に向かう。自分の体が蘇生治療や手術を施されるのを見る(ＯＢＥ)。喜び、受容、深く満ち足りた感情。人生の出来事がフラッシュバックや走馬灯のように蘇る。すでに亡くなった人々のいる別世界や、「光の存在」を見る。そして最後に、別世界に入るよりも、元の人生に戻ろうと決断する。このような経験をすると、人々はしばしば人が変わったようになり、以前より利己的・即物的でなくなったとか、死を恐れなくなったなどと言う。

ＮＤＥは多くの異なる文化やさまざまな年齢の人々によって報告されており、大筋は驚くほどよく似ている。文化の差はおもにその細部に現れる。たとえば、キリスト教徒はイエスや天国の門を見ることが多いのにたいし、ヒンドゥー教徒は神の使いに出会ったり、偉大な書に自分の名前が書かれているのを見たりする。宗教を信じている人々は、臨死体験がどれもよく似ていることは自分の宗教が説く死後の生の存在を証明するものだと主張する。しかし、この類似性は、あらゆる年齢・文化の人が皆よく似た脳を持っており、この脳はストレスや恐れ、酸素不足、その他多くのＮＤＥの誘因にたいしてよく似た仕方で反応するという事実によって、はるかによく説明できるのである。

ＮＤＥのこれらの誘因はどれも快感をもたらすエンドルフィンを放出させ、脳の多くの部位にランダムな神経活動を引き起こす。このランダムな活動がもたらす効果は部位によって異なる。視覚皮質での活動はトンネルや渦巻き、光のイメージを生じさせる（類似の神経効果を持つ幻覚剤と同じような働きをする）。側頭葉での活動は、身体イメージの変化とＯＢＥを誘発し、記憶を洪水のように蘇らせる。そして、ほかの部位での活動は、その人の期待や事前の心の状態、文化的信念によって異なるさまざまな種類の幻覚を生じさせる。多くの人々がＮＤＥによって、実際に、たいていはよい方向へ変化するということは疑いない。しかし、これは魂が一時的に身体を離れたためというよりは、むしろ脳の劇的な変化のため、また、自分の死という考えに直面したためであろう。深遠な経験を持つためには、死の淵に立たなくてはいけないというわけではない。多くのごくふつうの人々が、日常生活の最中にきわめて非日常的な経験をしている。これらは、もし天使や聖霊、神の幻影を含んでいれば、ふつう「宗教的経験」と呼ばれるが、そうでなければ神秘的経験と呼ばれる。神秘的経験を定義する簡単な方法はなく、記述することさえ困難である。このような経験はしばしば、言葉では言い表せないとか、超自然的感覚を含んでいるとか、それについて語ることのできないような、宇宙についての予想だにしない知識や理解を伝えるものだなどと言われる。おそらくこの経験の最も中核にあるのは、個別の自我という観念の完全な喪失や、宇宙との合一感・一体感の達成といった自我感の変容であろう。

このような経験はたいてい自発的に起こり、ごく短いあいだしか続かない。だが、こうした経験を起こしやすくしたり、似た心の状態を徐々にもたらしたりすることのできる方法が存在するのである。

瞑　想

瞑想の一般的なイメージは、足を組んで座り、深いリラックス状態に入って、世界から離脱するというものである。一部の瞑想はたしかにこのようにして行われるが、ほかにもさまざまな種類のものがあり、歩きながらの瞑想や、周りに注意した活動的な状態で行われる瞑想などもある。

瞑想は本来、宗教の文脈で行われてきた。ヒンドゥー教と仏教において最もよく見られるが、キリスト教やイスラム神秘主義の黙想の伝統においても見られ、またほかの宗教にも似たような方法がある。現代では多くの非宗教的な形式の瞑想があり、おもにリラックスとストレス解消の方法として宣伝されている。なかでも最もよく知られているのが、超越瞑想(Transcendental Meditation, TM)である。

たいていの瞑想は、蓮華座や半蓮華座といった特別な姿勢で座って行われる。これは左右両方の足もしくは片方の足を、他方の腿に載せるものである。しかし、多くの人々は堅いクッションを使ったり、低いベンチに座って足をそのしたに入れたりなどして、もっと簡単な姿勢で瞑想を行う。こういった姿勢に魔術的なところなどはいっさいない。これらの姿勢はすべて、同じ目的を持っている。つまり、リラックスして、かつ周りに注意を払うことのできるような体勢を作り出すことである。瞑想ではつねに二つの問題がある。眠くなって寝てしまうことと、雑念や不安によってかき乱されることだ。特別な姿勢をとると、身体の土台がしっかりし、背筋がまっすぐ伸び、呼吸が整うため、どちらの問題にも効果がある。

では、心については、どうすればよいのだろうか。心にかんする技法は多様であるが、それらはすべて、思考の抑制と注意力の鍛錬という二つの目標を持っているとしばしば言われる。これらの目標はいずれも簡単ではない。試したことがなければ、つぎの訓練をやってみるとよいだろう。しばらくたを見て、一分間何も考えないで過ごしてみよ。

何が起こるだろう。この指示に従うことは不可能だ。考えが頭のなかから湧き出てくるし、注意は外で起きていることによって乱され、心が静まる瞬間などほとんどない。おそらくこれは驚くことではないだろう。結局のところ、私たちの脳は世界にうまく対処し、安全に生きていくために進化したのであって、静かにしていろという命令に従うためではない。それにもかかわらず、徹底的に訓練を積むと、心を静めて、注意をそらすものをすべて追い払ってしまうことも可能なのである。

瞑想を行えば、たいてい好ましくない考えを消し去ることができるようになる。雑念と闘わない、雑念にいっさい関わらない、ただあるがままにしておく、というのがいちばんよい方法である。この方法だけで十分なのだが、それは簡単ではないため、ほかのさまざまな技法が発達してきた。意識を集中させる瞑想では、心に何かを行わせるために、ある適当なものに注意を向けさせる。たとえば、超越瞑想TMで用いられるマントラ（静かに繰り返される語やフレーズ）とか、石や花、ロウソク、宗教的肖像のような対象とかに注意を向けさせる。最も一般的な方法は、呼吸に注意を向けさせることである。つまり、ただ自分の自然な呼吸を観察し、空気の出入りを感じ、そして呼吸を十まで数えるのである。十まで行ったら、ふたたび一から始める。

そういった手助けにいっさい頼らないで行われる瞑想もある。たとえば、禅では眼を半分だけ開いて座り、白い壁を眺めるのが一般的である。この場合、目的は「ただ座ること」だが、これは誰にでもできることではない。瞑想は眼を閉じて行っても開いて行ってもよい。しかし、眼を閉じると、つい知らない間に楽しい空想にふけってしまったり、眠ってしまったりするおそれがある。眼を開いていると、眠らないでいるのは簡単だが、気をそらされるおそれがある。

こういったことはすべて、いったい何のために行われるのだろう。多くの人々は、瞑想によってリラックスでき、またストレスにうまく対処する手助けが得られると思って瞑想を行う。しかし、じつは瞑想の効果については何千もの実験が行われてきたが、その結果はむしろ驚くべきものである。心拍数や呼吸、酸素消費量、皮膚伝導、そして脳活動といった標準的なリラックス状態の基準を用いて計測すると、瞑想状態では、人々は静かに座って読書したり音楽を聴いたりしている状態と同じくらいしかリラックスしていないことが明らかになる。実際、非常に興奮した状態になることさえある。たとえば、好ましくない考えが浮かび続けてきて、感情を制御しようと必死になっているときなどがそうである。短期的に見れば、瞑想が手早い解決法とはとても言えないことは確かであるようだ。もしストレスを減らしたいのなら、瞑想よりも運動をしたほうがよいだろう。

しかし、長い目で見ると、効果はもっと大きい。長いあいだ瞑想をしている人々、つまり、何年あるいは何十年と実践を積んでいる人々は、実際にとても深いリラックス状態に入っている。呼吸数は一分間に三、四回まで減り、脳波は通常のベータ波（覚醒して活動しているときに見られる）やアルファ波（ふつうのリラックス状態で見られる）よりもずっと遅いデルタ波やシータ波になる。だが、何年も実践する人は、通常たんにリラックスの方法を求めているのではない。彼らが瞑想するのは、たいてい宗教的もしくは神秘的な理由からである。つまり、救いを求め、他者を助け、洞察を得るためなのである。

これは仏教の瞑想、とくに禅においては確かに言えることである。禅は仏教の一形態だが、宗教的な装飾はほとんど用いず、心の本質について直接の洞察を得るために厳しい方法を使うことで知られている。禅を学ぶ者のなかには、黙照を行うことで心を静め、意識の本質を直接洞察することができるようになる者もいる。また、公案と呼ばれる特別な物語や質問を使う者もいる。これは頭で考えて答えることのできる通常の問題ではなく、ふつうの意味で理解できるような問題でさえない。むしろ、これは質問者を深い疑いと混乱の状態に陥らせ、そこから新しい洞察を獲得させるような問題なのである。究極の公案はおそらく「私は誰なのか」というものだろう。この問いは問いそれ自体にかかってきて、瞑想者に現在の経験を深く見つめさせる。明らかに「私」であるようなものが見つからないということは、長くなるであろう旅の最初の一歩でしかない。

禅の実践において、人々は悟りの体験をたくさん報告している。何かが顕現したり、世界が新しい仕方で見えたりしたと言うのである。しかし、これらの経験は、ふと起こる神秘的経験とまったく同じように、たんに一時的なものでしかないかもしれない。瞑想の究極の目的は、二元論の幻想(別個の自我および行為する者という幻想)を徹底して追い払う完全な悟りだと言われている。

このようなさまざまな瞑想の実践は、意識の科学にたいして興味深い問いを投げかける。瞑想のさいに脳がどのように変化しているのかを研究し、それによって何が起きているのかを知ることはできるだろうか。悟りに向かう段階的な進展がほんとうにあるのか、それとも異なる人々は異なる道筋をたどるのだろうか。人々は瞑想をすると慈愛深くなり、利己的でなくなると言うが、ほんとうにそうだろうか。そして、おそらく最も興味深い点であるが、瞑想によって得られた洞察は本物であろうか。神秘的経験においても、長期にわたる瞑想においても、人々は別個の自我という幻想を看破したとか、世界をあるがままに見たとか述べる。彼らは正しいのだろうか。そのような幻想は、意識の科学的研究が取り組んでいる幻想とはたして同じものなのだろうか。いま私たちに言えるのは、意識の研究はこのような問題に答えられるほど発達していないが、少なくとも問い始めることはできるということである。

8 意識の進化

ある晴れた日に、あなたは森のなかの大きな樫の木を見つめている。緑の葉がそよ風に揺られ、木漏れ日が地面のうえで踊り、鳥たちが枝から枝へ飛び回るのが見える。近づいてみると、幹の樹皮の複雑な模様が見え、ちょこちょこと走って行くカブトムシの姿がちらりと見える。ドングリの散らばった地面の土のにおいがし、周りの空気の湿り気が感じられる。これがあなたの意識的経験であり、あなたにとっての樫の木である。

だが、カブトムシや、鳥たちや、木のうえに隠れて眠っているコウモリや、草むらにひそんでいるヘビにとってはどうだろう。私たちはそれを知りたいし、「動物の観点からは、世界はどのようであるか」と問うことは、おかしなことではないように思える。しかし問題は、私たちがそれを知るのは不可能だということである。「コウモリであるとはどのようなことか」と問うてみればわかるように、たんに自分がコウモリやミミズだったらと想像してみるだけではだめなのである。これは動物の意識についての問いなのである。じつは、ここには二つの異なる問題がある。一つは、どの生き物がどのような仕方で意識を持つのかという問題であり、もう一つは、意識がいつ、どのようにして進化したのかという問題である。

さまざまなものについて、それが意識を持つかどうかを考えてみるのが役に立ちそうだ。木のしたにある石から始めよう。石であることはどのようなことでもないし、また、辺りにある土の塊や木からはがれ落ちた樹皮であることもどのようなことでもないというのには、多くの人が賛成してくれるだろう。しかし、汎神論者は、宇宙のすべてのものに意識があると信じている。だから彼らにとっては、意識のないものなどおらず、意識は始めからそこにあるものなのだ。

木それ自体にとってはどうだろうか。多くの人たちは、木やほかの植物には意識がないと言うだろう。だが、つぎのような主張は可能ではないか。意識の最初の兆候は、感覚を持ち、世界と相互作用することだが、木は世界を感覚することができる。木は重力、光、温度、湿気に反応する。ドングリから木が育つ映像を早送りで見ると、小さい苗木がくるくる回りながらうえのほうへ伸びていき、若い葉が光を探し求めているように見える。これを見ると私たちは、木に意識の可能性を認めたくなってしまうだろう。同じような議論はコケや藻、そしておそらくバクテリアにも当てはまるだろう。

つぎに取り上げるべきものは何だろうか。生物をわずかに意識のあるものから最もはっきりと意識のあるものへと順番に並べようとすれば、人々の意見は食い違うだろう。まだほとんど学習して

図 23 フクロウやクモやヘビであるというのはどのようなことなのだろうか．これらの生き物はそれぞれ，その生き方に適した感覚を持っており，独自の種類の世界，すなわち環境世界に住んでいる．だが，彼らは意識を持つのだろうか．それはどうすればわかるのだろうか．

いないという理由で、赤ん坊を一番したに位置づける人もいれば、潜在能力があるという理由で、赤ん坊を頂点近くに位置づける人もいるだろう。私たちに近いという理由で、チンパンジーをうえのほうに位置づける人もいれば、知性を実用的なものと考えて、カラスやクジラやイルカのほうがチンパンジーより知性があると主張する人もいるだろう。

もう一つ考慮すべきことは、動物による感覚の違いである。たとえば、ヘビは鋭い嗅覚を持っており、またそのなかには赤外線を検出する特別な感覚器官によって獲物を捕捉するものもいる。鳥には嗅覚がほとんど、あるいはまったくないが、人間には見えない紫外線を見ることができる。実際のところ、多くの鳥は四色視覚システムを持っており、三色視覚システムを持つ人間よりもはるかに豊富な色を見ることができる。人間に見ることのできない色が見えるというのは、どのようなこと［どんな感じ］なのだろうか。私たちはそれを想像することさえできない。なぜなら、想像するためには、私たちは視覚を司る脳部位を使わなければならないが、人間のその部位は紫外線の色を表す力を持っていないからである。

一方、昆虫は鳥や哺乳類のような単眼ではなく、何千ものレンズが組み合わさってできた複眼を持つ。昆虫も紫外線を見ることができる。多くの昆虫は鋭い嗅覚を持ち、においの跡をたどって仲間をえさのところへ導いたり、フェロモンを使って互いにコミュニケーションをしたりする。また、フェロモンのように体から分泌される化学物質を、触角を使って検知することもできる。彼らの経験はどのようなものなのだろうか。腐ったネズミの死体のにおいを敏感な触角で嗅ぎ取るというのは、どういった感覚なのだろうか。そのような死体に卵を産みつけるハエにとっては、死体のにおいはとびきり魅力的に感じられるにちがいない。ほかの動物の感覚について知ると、私たちは、あの森ではすべての生き物がまったく違った経験をしていると結論せざるをえなくなる。彼らは皆まったく異なる世界、すなわち環境世界(Umwelt)に住んでいるのだ。

そうだとしても、やはり私たちは、いったいどの動物が意識を持つのかと問いたくなってしまう。一方では、意識はあるかないかのどちらかでしかない現象であり、一部の生物にはあってほかにはないと考えられる。デカルトは人間だけが魂を持ち、それゆえほかの動物は「感覚を持たない自動機械」だと信じていた。しかし、他方では意識は連続的な変数であり、ある生物がほかの生物よりも多く持っていると言えるようなものかもしれない。意識の理論が見込みのあるものとなるためには、どの生物に、なぜ、どのような仕方で意識があるのかを特定できなければならない。

どうすれば答えが見つかるのだろうか。私たちはふたたび意識が持つ以下のような奇妙な特徴に突き当たる。意識の有無については知ることができない。意識を検知できる装置などはない。意識を生み出す聖なる場所が一部の動物の脳のなかだけにあるというようなことはない。したがって、問いは解答不能なままであり、解答不能なら、問うことをやめてしまうのが一番かもしれない。

だが、動物の苦しみが気にかかるという理由だけからでも、この問いを捨て去ることはできないだろう。意識のない自動機械は苦しむことができない。よって、デカルトとその後継者たちが正しければ、私たちは動物の痛みについて心配する必要はない。しかし、動物は苦しむように見える。ふさふさでつやつやした毛に覆われて、眼を輝かせ、じゃれているネコは、明らかに幸せそうに見えるし、痩せて薄汚れ、活力のない眼をして、怪我をした足を引きずっているネコは、明らかに苦しんでいるように見える。だが、私たちの直観はほんとうに正しいのだろうか。

よく知られているように、このような直観は気まぐれなものである。たとえば、人々はふつう、ネコやウサギのように柔らかくてかわいらしく、人間と同じように顔の前側に眼がついている動物にたいして、より多くの感情を認める。人々は、目的を持っているかのように動くものにたいしては、それが何であれ、志向的態度をとる。ごく単純なロボットにたいしてさえそうである。より複雑なロボットを使った実験では、人々が、笑顔やしかめ面、耳をすますます様子を真似する金属製の頭にたいして、たやすく感情を認めることが明らかになった。このような直観は信用できない。

この難局を打開するために、生物学者マリアン・スタンプ・ドーキンスは、動物がほんとうに苦痛を感じているなら、その苦痛の原因を取り除こうとするはずだと論じた。この実験では、ニワトリは砂ジに入れられたニワトリのことを考え、彼女はある実験を考案した。足でかく砂のないケージに入れられたニワトリは砂のあるケージに移動できるが、そのためには重いカーテンを押しのけなければならない。ニワトリは明らかに砂のあるケージを好んでいたが、そこに行こうと努力しなかった。このような行動基準は、動物の苦痛の度合を測るのに役立つ。だが、それでもつぎのように言う人がいるだろう。「え、ですが、その動物はたんに痛がっているように振舞っているだけなのか、それともほんとうに痛みを感じているのか、どちらなのです？」

この問いに答えるには、どの能力や行動が意識の存在を示し、どれが示さないのかにかんする理論を作るのが一番よいだろう。動物の意識については、このような理論がいくつかある。

鏡、自己、そして他者の心

鏡を覗いてみると何が見えるだろうか。もちろん、あなた自身である。これはごく簡単なことに思えるかもしれないが、実際にはとてもすごいことなのだ。あなた自身が見えるということは、あなたが自我の感覚を持っているということである。鏡を使った自己認識がきわめて有名なテストになったのは、このためである。もしも自我の感覚を持つことによってはじめて意識を持つことができるのならば、鏡のテストをとおして、動物の意識について何かわかるかもしれない。私たちは、どの動物が鏡に映った姿を自分自身として認識できるのかを明らかにする必要がある。

多くの飼い主が証明しているように、ネコ、イヌ、ウサギにはこれができない。はじめて鏡を見たときには、彼らは興味を持って駆け寄り、うしろ側にほかのイヌやウサギがいないかどうか探し回ったりするかもしれない。だが、彼らはすぐに鏡に飽きてしまう。魚のなかには自分の鏡像と闘うものもいるし、鳥は鏡像にたいして威嚇や求愛の行動を行う。彼らは明らかに、自分とは別の魚や鳥を見ていると思っているのだ。だが、サルや類人猿はどうだろうか。

一八七二年にチャールズ・ダーウィン(一八〇九―八二)は、動物園の二頭の若いオランウータンに鏡を与えて、彼らが鏡で遊び、自分の鏡像にキスしようとする様子を記録している。しかしダーウィンには、彼らが自分自身を認識しているのかどうか確信が持てなかった。一世紀以上経って、心理学者ゴードン・ギャラップがこの点を突き止めるためのテストを編み出した。彼は若いチンパンジーの群れに、鏡を見る訓練を十分にさせた。それから彼はチンパンジーに麻酔をかけ、片目のうえと、その逆側の耳の二カ所に見てすぐわかる赤い点を付けた。チンパンジーが目を覚ますと、彼はチンパンジーに鏡を見せた。私やあなたであれば、同じような状況ですぐに赤い印が目に入って、おそらく触ったりこすり取ったりするだろう。チンパンジーたちも同じことをした。彼らは印があるところを、そこに対応する顔の反対側の部分よりも頻繁に触ったのである。

それから、ほかの多くの動物種についてテストがなされてきた。人間の子どもは生後十八カ月からこのテストに合格するようになる。ほかの四種の大型類人猿のなかでは、チンパンジー、ボノボ、オランウータンは、やり方は大きく異なるものの、たいてい印を触る。しかし、ゴリラは触らない。サルを対象にしたテストでは、直接見ることのできない位置にある物を手に取るなど、自己認識とは違う仕方で鏡を使う様子は見られても、自己認識をしている様子は見られない。ここから、大型類人猿とほかのもののあいだには大きなへだたりがあると考えられる。だが、この点には疑問や問題も多い。たとえば、ある種のクジラやイルカはたいへん賢く、鏡で遊ぶことができ、それゆえ自我の概念を持っている可能性があるが、彼らには手がないため印に触れることができない。

このテストは興味深いが、意識にかんする確かな答えを与えてくれるものではない。これを考案したギャラップは、チンパンジーが自我の概念だけでなく、自分の過去と未来の概念、および自己認識も持つと確信している。もっと懐疑的な人たちは、チンパンジーが自分の体を調べるために自分の鏡像を使うことができるという点だけ認め、そのことは自己認識の存在を示すものではないと論じている。

図 24　鏡を使った自己認識は，自己意識のテストとして使われる．ギャラップの実験では，チンパンジーは鏡でしか見えない印をこすって取ろうとした．

自己認識について知るもう一つの方法は、動物の持つ社会的知性を調べることである。これには、動物がほかの動物に心があることを理解しているかどうかも含まれる。この背後にはつぎのような考えがある。もし動物が人間と同じように心の理論を持っているなら、彼は自分自身を理解するときにも心の理論を用い、自分を欲求や意図、感情を持つものとして見るだろう。ここでは偽計も関係してくる。なぜなら、ほかの者を欺くためには、その者が何を知り、望んでいるかを考慮しなければならないからだ。チンパンジーについては、ほかの個体の注意を逸らせてそのあいだに食べ物を横取りしたり、岩に隠れて密通行為を行ったりする様子がこれまでに観察されている。しかし、霊長類学者のダニエル・ポヴィネッリによって行われたいくつかの巧妙な実験は、チンパンジーの社会的洞察力に疑問を投げかける。

チンパンジーはとくに学習しなくても、人間やお互いにたいして食べ物をねだるようになる。そこでポヴィネッリは、いくつかのかなり奇妙な状況のもとで彼らをテストした。ある実験では、二人の実験者がチンパンジーに食べ物を与えたが、一人は眼を隠し、もう一人は口を隠していた。この違いはチンパンジーの態度には影響せず、彼らは両方の実験者に同じように食べ物をねだった。彼らは頭にバケツをかぶった実験者にたいしてさえ、同じように熱心に食べ物をねだった。彼らには、自分を見ることのできない相手にたいしておねだりをしても意味がないということがわからないようだ。いまのところ、結論はチンパンジーには心の理論がないというものである。しかし、この点さえまだ確かではないし、ここから動物の意識について何が言えるかは、いっそう不確かである。

最後に考えられる境界線は言語である。この点では、人間は唯一無二であるように思える。ここで重要なのは、本当の言語と、それ以外のコミュニケーションの形式とを区別することである。たとえば、ベルベットモンキーは異なる種類の危険を仲間に知らせるために、少なくとも三つの異なる警告の鳴き声を発する。ハチは食べ物がある場所とそこまでの距離についての情報を伝えるため、精巧なダンスをするし、オスの鳥はバラエティに富んだ長い歌によって、メスの鳥に自分の魅力を伝える。ここに挙げた以外にもたくさんのコミュニケーションの手段があり、それらは皆、動物の生活において重要である。だが、これらの合図は確定した意味を持っており、組み換えて新しい合図を作り出すことはできない。本物の言語においては、任意の音や記号が、可能的には無限の仕方で組み合わされ、ほとんど果てしなく多くの意味を生み出す。これらの新しい組み合わせは、人から人へ複製できるミームなのである。

人間以外の種に言語を教えようとする試みは、初期には成功が期待されていたものの、ほとんど完全に失敗してきた。アメリカ手話を学んだチンパンジー、ゴリラ、オランウータンは何頭かおり、そのなかには数百語の語彙を持つものもいる。ココと呼ばれるゴリラは鏡認識テストにさえ合格し、手話の訓練がほかの効果も持つことを示唆した。だが、これらの類人猿はたいてい、食べ物をねだるために手話を使った。彼らは自発的にものに名前を付けることも、言葉遊びをすることもなければ、人間の幼い子どもがするように、何をしようとしているかを皆に話すということもなかった。

以上の話は意識とどう関係するだろうか。ある人たちによれば、言語が加わることで心は完全に変化し、意識の不可欠な要素、すなわち自我の感覚や心の理論、過去と未来について考える能力などがもたらされる。つまり、言語がなければ、動物は意識を持てないのである。そして、人間以外の種が言語を持つという証拠は、ほとんどもしくはいっさいない。それゆえ、意識を持つのは私たち人間だけにちがいないということになる。しかし、いったいどうやってそれがわかるのか。この問題は難しくみえるが、それでもそれは、いつどのようにして、なぜ意識が進化してきたのかという問題と比べれば、どうということのない問題である。進化の問題は多くの混乱に取り巻かれている。

意識の機能

なぜ私たちは意識を持っているのだろうか。私たちには意識があるのだから、意識それ自体が進化的な機能を持つにちがいない。あなたはそんなふうに考えるかもしれない。

この議論は一見したところ、まったく正しいように思える。自然選択による進化の理論は、科学がもたらした偉大な洞察の一つである。この理論は単純だが、並外れて強力だ。人間の思想のなかでも最高のものだと言う人もいる。ダーウィンがよく理解していたように、単純な繰り返しの過程によって、一見すると何もないところから、非常に複雑で機能的なデザインが生み出されることがある。その仕組みはこうだ。何か一つのものを用意し、それの複製をたくさん作る。このとき、複製はどれも互いに少しずつ違っているようにする。これらのなかから一つだけを選択する。そして、また同じことを繰り返す。これだけである。

この理論の強力さは、選択がもたらす効果にある。ダーウィンはまず、人為選択の説明を行った。

人為選択では、繁殖させる動物と繁殖させない動物を人間の手で選ぶことによって、望ましい形質を増やしていく。しかし、彼は、同じプロセスが盲目的な自然選択においても働いているにちがいないことをはっきりと理解していた。動き回るのに必要な食べ物、空間、光、空気などが十分でない世界では、かならずある生き物がほかの生き物よりもうまく立ち回ることになる。そしてこの生存競争に役立ったものは何であれ、子孫へと受け継がれていくだろう。こうして自然選択のプロセスが続いていく。眼や羽、体毛、歯といった形質は皆、こうして現れ進化していったのだ。このような形質は、動物の生存に役立ってきた適応形質であり、動物が繁殖すれば、このさきも受け継がれていくだろう。

意識は適応形質なのだろうか。適応的でない形質は選択によってすぐに取り除かれてしまうことを考えると、意識は適応形質にちがいないと思える。しかし、もう二つ、大きな可能性がある。意識が役に立たない副産物であるというものと、（一見そうは見えなくとも）ほかの適応的な何かの不可分の要素であるというものだ。この三つの可能性のいずれにも、それを支持する意識の理論があるのだが、あとで見るように、そのどれをとっても困難に突き当たってしまう。

まずは、まったく自然にみえる考えから始めよう。すなわち、私たち人間は、意識がない状態に進化することも可能であったという考えだ。言い換えると、意識は付けるか付けないかを選べるおまけのようなものであり、私たちは皆ゾンビになっていたかもしれないという考えである。「だってそうでしょう」と議論は進む。「人々の見かけや行動はこの世界とまったく同じだが、彼らの内側には意識がなく、自分であることが「そのようなことであるような何か」がないような、そんな世界を私は完璧に想像できますよ」。この直観は、ゾンビ双子や、さらには完全にゾンビ的な地球など、あらゆる思考実験の原動力となってきた。しかし、ここには深刻な問題がある。

進化の過程を再現してみよう。先祖のなかには、ゾンビであるような人たちもいれば、意識を持

ミーム

ミームは、模倣によって人から人へ伝えられる癖や技術、行動、物語といったものである。ミームは遺伝子のように競って自己を複製しようとする。だが、ミームは細胞のなかに閉じ込められた化学物質ではなく、脳から脳、あるいは脳からコンピュータや本や芸術作品へと飛び移る情報である。競争に勝ったミームは世界中に広まり、行く先々で私たちの心や文化を形づくる。

ミームは寄り集まって巨大なミーム複合体を作る。その多くは私たちの生活に役立つ。たとえば、金融システムや科学理論、司法システムや、スポーツ、芸術などだ。しかし、宿主から宿主へと飛び移る伝染病や寄生虫のようなものもある。たとえば、即効薬やカルト宗教、チェーン・レター、コンピュータ・ウイルスなどだ。このようなミームを可能にする基本的な構造は、脅しや約束によって支えられた「私をコピーして」という指示である。

多くの宗教はまさにこの構造を利用している。リチャード・ドーキンスが宗教を「心のウ

イルス」と呼ぶのはそのためだ。ローマ・カトリック教徒は自分が幼いころ受けた教化のミームを、とりわけ自分の子どもたちに教えるよう駆り立てられている。祈ること、食事のときに感謝の言葉を唱えること、讃美歌を歌うこと、教会に行くこと、荘厳な建物に寄付をすること、これらすべてが教化のミームの利益になり、検証不可能な永遠の地獄という脅しと、天国の約束によって促進される。同様に、イスラム法は信仰を破った者への厳しい罰則を規定することでミームを守っている。つまり、一つの宗教に含まれるミームは、その中核を成す信条が正しいか、あるいは何らかの仕方で価値があるかに関わりなく、複製に成功できるのだ。極端な場合として、信仰のために死ぬ殉教者の例に見られるように、運び屋を殺すミームが挙げられる。あるいは、独身の僧侶の例に見られるように、子どもの養育よりもミームを広めることへ関心を向けさせるようなミームもある。伝統的な宗教はこれまでたいてい、垂直伝達(親から子へ)によって存続してきた。ミーム理論は、伝統的な宗教が今後、ますます速度を増している水平伝達にどう対処するか、そして新しく生じてくる宗教やカルトのうちどれが存続しそうかを私たちが予測できるようにしなければならない。

自我もまた、ミーム複合体かもしれない。つまり、ともに繁栄し、「私」の語が使われるたびに強化されるような一群のミームである。「私は……が欲しい」「私は……と信じる」、そして「私は……を知っている」といった句はどれも、意識的経験を持つ、持続的な内なる自我があるという間違った考えを植え付ける。実際には、ただ複製される言葉と、互いに競い合って私たちを形づくるミームがあるだけだ。私たちは錯覚しているミーム・マシーンなのだ。

つ人たちもいるとする。後者を意識(コンシャスネス)にちなんで「コンシー」と呼ぼう。ゾンビとコンシーの混ざった集団にたいして自然選択が働くと、何が起こるだろうか。何も起こりはしない。なぜなら、定義から言って、ゾンビはコンシーと区別できないからである。彼らは見かけも同じなら、振舞いも同じで、言うことも同じである。これはつまり、自然選択が効力を及ぼす要素が何もないということである。ゾンビがコンシーより多くなっても少なくなっても、それはまったくの偶然によるものである。このようなおかしな結論が出てくるのを見ると、意識はおまけだとか、役に立たない副産物、あるいは随伴現象だという説はばかげたものに思えるだろう。ゾンビという考えを捨てて、さきに進んだほうがよさそうだ。

残る可能性は二つである。すなわち、意識それ自体が適応形質であるか、または、意識がほかの適応形質にかならず伴うもの、ないしほかの適応形質の一側面であるかのどちらかだ。

意識が適応形質だとしても、私たちは意識なしで進化したかもしれないという考えは意味をなすが、この場合は私たちは哲学者の言うゾンビではなく、ハリウッド映画に登場するハイチのゾンビのようなものとなろう。つまり、肝心な点で欠陥があり、決定的に重要な能力を欠いた生き物だということになろう。そうだとすれば、進化はコンシーにたいして有利に働くことになるだろう。この考えをとるならば、意識によって何が付け加えられることになるのかを説明しなければならない。ここで、意識が実際に何かを行っているという考えには問題があったことが思い出されるだろう。まず、主観的経験、あるいは自分であることがそのようなことであるような何かが、どうやって実際に何かに影響を及ぼしうるのかを理解することが困難である。それから、あらゆる証拠からして、意識的経験は出現するのが遅すぎて、行為の原因にはなれないし、また、それがふつう持つと考えられているような効果を持つこともできないのである。

それにもかかわらず、この種の理論はいくつも存在する。最も影響力の強いのは、一九八〇年代に心理学者ニコラス・ハンフリーが提唱した理論である。私たちの祖先に意識が芽生えたのは、彼らが複雑な同盟や関係を結ぶ高度に社会的な動物であったためだと彼は論じている。他者の行為を最もよく予測できる個体は、それだけ有利であろう。予測を行う最もよい方法は、ある種の「内なる眼」を進化させて、自分自身を観察することである。こうして内観能力が進化し、それゆえ私たちは意識を持つようになった。この理論は、社会的知性および心の理論の起源を強調しているため、強い影響力を持ってきた。だが、意識にかんしては、つぎのような点から批判を受けてきた。内観はあまりうまく行動を導けないし、内なる眼という考え方は二元論すれすれで危うい。しかも、この理論は主観性を説明できない。ハンフリーの理論に基づいて、ほかにもいくつかの理論が作られたが、どれも同じ困難に直面している。すなわち、主観性が理論のどこにうまく収まるのか、また、経験それ自体がなぜ選択上の有利さをもたらすのかを理解するのが困難なのである。

三つ目の、そして最後の可能性は、経験それ自体に何かをする力が備わっているという考えを捨て去ることである。この説では、意識は適応形質ではないが、それは意識が役に立たない副産物だからではなく、意識が知性、知覚、思考、自我の概念、言語、あるいはそのほかの進化してきた適応的な能力と不可分な形質だからである。唯物論的な科学者の大多数は、おそらくそのように考えるだろう。彼らは、これらの能力がすべて説明されるとき、何らかの仕方でようやく意識の理解が得られるだろうと思っている。問題は、このような日が訪れるのは遠い未来になりそうだということである。これらの能力のいずれについても、なぜそれを持つことで意識的な精神生活が得られるのか、なぜかならずそれに主観性が伴うのかを説得力を持って説明できる理論は、いまのところ存在しない。説明が不可能だというわけではないが、説明が得られるまでは、私たちは繰り返しゾンビを信じ、ハード・プロブレムに取り組むことになろう。

現在、意識の進化については多様な理論がある。それらは、意識の起源をはるか遡って生命それ自体の起源に置くものから、知覚や知性、あるいはそのほかの一般的能力の進化に意識の起源を結びつける中間的な理論、さらに言語や模倣、ミームにそれを結びつけるものにまで及ぶ。しかし、どの理論が正しいかについて意見が一致しておらず、またもっと重大なことだが、どうやって正しい理論を見いだしたらよいかもまったくわかっていないのである。

意識の未来

私たちがたどりついた混乱は、深く、深刻である。私は、意識についての通常の考え方に潜む根本的な欠陥が、この混乱によって顕わになっているのではないかと思う。ひょっとすると、私たちは最も基本的な仮定を捨て去って、一から始める必要があるのかもしれない。

ほとんど誰もが持つほんとうに根本的な仮定が二つある。一つは、経験は誰かに起こるものであり、経験する者がいなければ経験はありえないという仮定だ。これは、固定した自我ないし不変の自我があるということではかならずしもない。しかし、いまこの本を読んでいることを意識している「あなた」は昨日の夜眠りについて今朝目覚めた人と同じ人だということは、その仮定に含まれている。これは捨て去らなければならない。

もう一つは、観念、感情、イメージ、知覚などの流れとして、経験が意識的な心のなかを流れていくという仮定である。流れは途切れたり、方向を変えたり、乱れたりするかもしれないが、それは心の劇場における意識的な出来事の一つの系列であり続ける。これが最低限意味しているのは、「いまジムの意識のなかには何があるのか」という問いには正しい答えがなければならないということである。ジムの考えや知覚のうち、あるものは意識の流れのなかにあり、ほかのものはそうでない。これは捨て去らなければならない。

こうして私たちはある新たな出発点から始めることになる。今度の出発点はまえとはまったく異なる。すなわち、観察可能なもののなかで最も単純なもの、つまり私が自分自身に「私はいま、意識があるだろうか」と問えば、答えはいつでも「はい」であるという事実から始める。

しかし、そのほかのときは、どうなのだろうか。おかしなことに、私たちにはわからないのである。問いを問うときはいつでもイエスの答えが得られるが、問いを問うていないときについては、問うことができないのだ。この状況は変化盲や視覚の「壮大な錯覚」理論を思い出させる。視覚の場合、いつでもふたたび目を向けることができ、目を向けると、いつも豊かな視覚世界が見える。それゆえあなたは、それがいつもそこにあると思い込む。あなたは、あるものをすばやく見ようとすることはできるが、それに目を向けていないときに、それがどんなふうかを見ることはけっしてできない。それはちょうど、冷蔵庫をすばやく開けて、なかの明かりがいつもついているかどうかを見ようとするようなものだ。明かりが消えているのを見ることはできないのである。

こうして壮大な錯覚が生じる。私たち人間は、話したり考えたりする賢い生き物であり、「私はいま意識があるか」と自分に問うことができる。そして得られる答えはつねに「はい」であるから、私たちは、自分にはいつも意識があるという誤った結論に飛びついてしまう。あとはすべてここから生じてくる。私たちは、目覚めているときはいつも、何かを意識しているにちがいないと考える。なぜなら、問うたときにはいつも、たしかにそうであったからである。そこで私たちは、この結論に合う比喩を作り出す。つまり、劇場、スポットライト、意識の流れといったものだ。しかし、私たちは間違っている。完全に間違っているのだ。

真実はこうである。問いを問うていないときには、意識の内容もないし、それを経験している者もいない。その代わり脳が働き続け、デネットの多重草稿理論にあるように、いろいろなことを同時に並行して行っている。そのなかのどれも、意識のなかに入ってもいなければ、その外に出てもいない。実際のところ、意識的な脳活動と無意識的な脳活動という考え全体を捨て去ることができるし、それとともに、それらの脳活動のあいだの「魔術的な違い」の問題も捨て去ることができるのである。

すると、意識は壮大な錯覚だということになる。「私はいま意識があるか」、「私はいま何を意識しているか」といった問いを問うことで意識が生じてくる。問うているその瞬間に、答えがでっち上げられる。つまり、一つのいま、一つの意識の流れ、そしてそれを観察する一つの自我がすべて一緒に現れ、たちどころに消えてしまうのである。つぎに問うときには、一つの新しい自我と一つの新しい世界が遡って過去の記憶からでっち上げられる。ここからさらに進んで、自分につねに意識があったと信じ、流れと劇場の比喩を作り出すなら、あなたは自分をどんどん深く掘り下げてひたすら混乱に陥っていくだけだろう。

この意識にかんする新しい考え方のもとでは、古い問題の大半は消え去ってしまう。意識がどうやって脳の客観的な活動から生み出されるのか、あるいはそこから生じてくるのかを説明する必要はな

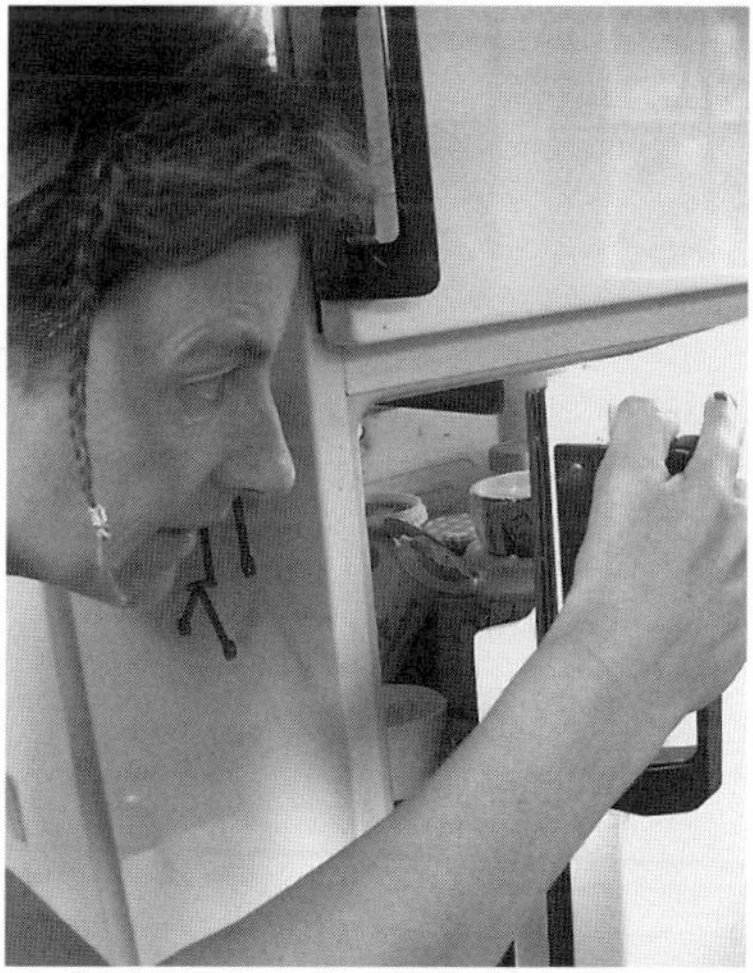

図 25 「私はいま意識があるか」と問うていないときには，どのようなことになっているのだろうか．これを知ろうとするのは，なかの明かりがいつもついているのかどうかを見るために，冷蔵庫の扉をすばやく開けようとするのと似ている．

い。なぜなら、そんなことは起こっていないからである。意識があるときとないときの脳活動のあいだの魔術的な違いを説明する必要もない。なぜなら、そんな違いはないからである。主観的経験はどうやって進化してきたのか、また、それは機能を持つかどうかについて悩む必要もない。なぜなら、経験の流れなどないからだ。ただつかの間の出来事があるだけであり、それが錯覚を生じさせるのである。

この考え方によれば、人間と同じように意識を持つことができるのは、人間と同じくらい錯覚を持つことができる生き物のみである。これはおそらく、人間だけが意識を持つか、あるいはほぼそうだろうということを意味する。なぜなら、錯覚を生み出すのに役立つ諸々の要素、すなわち言語、心の理論、自我の概念、そのほかのものをすべて持っているのは人間だけだからである。ほかの動物は通り過ぎていく知覚世界を作り出しながら生きており、お望みならば、経験を作り出していると言ってもよいが、誰かに生じるような経験の流れを作り出しているわけではない。彼らはけっして、自分を混乱に陥れるような難しい問いを自らに問うことはないのである。

では、実際のところ、動物であるとはどのようなことなのか。おそらく個々のつかの間の構築物であることがそのようなことであるような何かなら、存在するだろう。たとえば、鳥が止まり木に止まるときに絡まり合った枝がサッと過ぎ去る感じや、ウマが駆けるときの、あるいはウサギが安全なところへ跳んでいくときの、伸びた筋肉の痛み、コウモリが反響に導かれて昆虫に忍び寄っていくときの感覚などは存在する。しかし、「コウモリであるとはどのようなことか」という問いには真の答えはない。それは、「私たちであるとはどのようなことか」にたいする答えがほとんどの場合にないのと同じである。その答えが存在するのは、私たちがその問いを問うときだけなのである。

コンピュータが意識を持つことは可能だろうか。これはもう一つのやっかいな問題であり、長く、混乱した議論の歴史がある。生物だけが意識を持つことができると主張する人たちもいれば、この問題に関係するのはコンピュータが何でできているかではなく、どんな機能を持つかだと主張する人たちもいる。意識の錯覚理論によれば、答えは簡単である。どんな機械でも、「私はいま意識があるか」と問うために必要な言語やミーム、そのほかのものをすべて持っており、それ自身の内なる自我や心についての理論をでっち上げることができるなら、それは私たちのように錯覚し、私たちと同様の錯覚した仕方で、自分には意識があると思うだろう。そうでなければ、機械は人間以外の動物と同じように、環境とのやり取りからつかの間の知覚世界を作り出すが、けっして自分がそれを経験しているとは思わないだろう。

この新しいアプローチをとるとき、一つの大きな問題が生じる。それは、問うことの本質に関わるものである。生き物が、あるいはその点で言えば、機械が、自分に問いを問うことはどんな意味があるのだろうか。これを探り出す一つのやり方は、このような仕方で深く自問している人の脳のなかで何が起こっているのかを研究することだろう。躍り流れる複数の脳活動のパターンが、何らかの仕方で一緒に生じるのだろうか。あるいは、特別なパターンや結合があるのだろうか。これを明らかにするために、意識の神経相関物（NCCs）を探すのと同じような方法が使えるだろう。

もう一つの問題がある。私たち人間は、錯覚を捨てて、錯覚なしで世界を経験することができるのだろうか。ある種の瞑想やマインドフルネスを実践している人たちは、それが可能だと主張する。彼らによれば、ふだんの世界が解体し、ただ経験だけがあって、それを経験する者はいないと言う。このような状態にある人の脳活動はどうなっているのだろうか。これがわかれば、どうやって錯覚が起こるのかがもう少し理解できるようになるかもしれない。このアプローチのほうがかならず容易であるとか、そもそも可能であるという保証はないが、それは確かに現在のアプローチと異なっている。

この研究の被験者は、高度な技術を持っていなければならないだろう。可能性のある一つの技術は禅の瞑想である。禅の瞑想では、公案と呼ばれる特別な物語や問いが用いられるが、それらはまさにいまの話に関係するものである。つまり、「私は誰か」「いまはいつか」「これは何か」といった問いが用いられるのである。この方法の実践者たちは、深く問う心の構えを着実に維持し探究することができる。また、瞑想していてもいなくても、つねに注意し、心を開き、いまの瞬間に全存在をかけようとするマインドフルネスという方法を実践する人たちもいる。この技法は一見すると単純にみえるが、長く実践すれば現象は生成消滅するだけで、時間や場所の感覚がなく、経験する者もいないという境地に達することができる。

このような方法で意識を探求しようとすれば、科学者は瞑想の実践者を研究することになるだろうが、場合によっては、一人で両方を行うこともできるだろう。実際、瞑想を実践している科学者や、科学研究を行っている瞑想家はすでにいる。ここからつぎのような期待が生まれてくる。すなわち、科学と個人的な実践がいつか一緒になって、私たちに明瞭な洞察を与えてくれるのではなかろうか。そのときには、意識の錯覚を捨て去り、自己と他者の錯覚を見抜けるようになり、私たちにはただ一つの世界が開かれる。そこには、いかなる二元性もなければ、あの問いを問う者もいないのである。

なぜ意識が問題となるのか

信原幸弘

意識への現れ

意識についての哲学的な問題のなかで最も手に負えないのは、意識への現れをめぐる問題であろう。本書で一貫して問われているのも、この問題である。

意識にはさまざまなものが立ち現れる。眼を開けば、赤く色づいた紅葉や、さざ波の立つ湖面が見える。耳を澄ませば、小鳥のさえずりや、かすかな風の音が聞こえる。疲れた足には、鈍い痛みが感じられ、脳裏には、まだ遠い家までの道のりが浮かぶ。このように、意識には、いろいろな事物の姿や音、感覚などが立ち現れる。意識への現れは、色や形、音、味、におい、触感など、さまざまな感覚的な質で満ちているが、意識に現れる感覚的な質はとくに「クオリア」とよばれる。

意識への現れほど、私たちにとってなじみ深いものはない。それは、私たちが最も直接的に経験するものである。しかし、意識への現れとは、結局のところ、何であろうか。それはどのように存在し、どんな本性をもつものであろうか。それは物理的な事物とどんな関係にあるのだろうか。

二重視の不思議

私たちが最も慣れ親しんでいるはずの意識への現れも、それが物理的な事物とどんな関係にあるかと問うてみると、とたんに謎めいてくる。

いま、テーブルのうえに一本のバナナが見えるとしよう。この意識に現れたバナナは、実物のバナナそのものであるようにみえる。テーブルのうえにある物理的なバナナがそのまま私の意識に現れたように思われる。目の前にあるバナナを手に取り、皮をむいて食べるとき、私はそれが実物のバナナであることを信じて疑わない。

しかし、ちょっとまぶたを押さえてみると、事態は一変してくる。まぶたを押さえると、バナナは二重に見える。だが、まぶたを押さえただけで、実物のバナナが二本になったとは考えられない。実物のバナナは一本のままである。一本のバナナがただ二重に見えただけである。そうだとすると、二重に見えるバナナ、つまり意識に現れた二本のバナナは、実物のバナナではありえない。

まぶたを押さえたときに意識に現れる二本のバナナが実物のバナナではないとすると、じつは、まぶたを押さえないときに意識に現れる一本のバナナも実物のバナナではないのではなかろうか。まぶたを押さえることによって意識に現れるバナナが一本から二本に変わるとき、その意識に現れるバナナが実物からそうでないものに変わるようにはみえない。そのような根本的な存在の変化が生じるようには思われない。意識に現れる一本のバナナが実物なら、二本のバナナもそうであろうし、二本のバナナが実物でないなら、一本のバナナもそうでないだろう。

そうだとすると、一般に、意識に現れるバナナは、それがどのように現れようと、実物のバナナではないことになる。では、それはいったい何であり、どのように存在するのだろうか。

意識への現れと脳

意識への現れは脳の活動と密接な関係がある。バナナが見えるのは、バナナからの光の刺激が眼に届いて、網膜の視細胞を興奮させ、その興奮が後頭葉の視覚皮質に伝えられ、そこから脳内でしかるべき神経活動が生じることによってである。では、脳がそのようにある一定の仕方で活動することが、意識にバナナが現れるということなのであろうか。

たしかに、バナナが見えるときと、トマトやリンゴが見えるときとでは、脳の活動に違いがある。しかし、意識にバナナが現れるということが、脳が一定の仕方で活動することにほかならないと考えようとすると、たちどころに大きな困難に突き当たる。脳の活動とは、脳のなかの神経細胞が電気的に興奮し、その興奮を他の神経細胞に伝えていくことである。そこには、黄色や三日月形など、バナナらしきものは何もない。そのような脳の活動がいったいいかにして意識へのバナナの現れでありえようか。この両者が同じものであるということは、まったく理解しがたい。

物心二元論

こうして、意識へのバナナの現れは、実物の物理的なバナナではないし、脳のある活動でもないように思われる。そうだとすれば、それは物理的なものではなく、心的なもの、つまり心のなかに存在するものであるように思われる。意識に現れるバナナは、物理的な世界のどこかに存在するものではなく、それとは別の心の世界に存在するものであるように思われるのである。

心と物を区別して、意識への現れを心に属するものとみなす二元論的な見方は、一見、自然にみえる。だが、そこには深刻な困難がある。心と物が別だとすれば、それらはいったいどのように相互作用するのだろうか。

心と物のあいだには、密接な相互作用がある。バナナから光の刺激を受けることによって、脳がしかるべき活動を起こし、それによってバナナの知覚が生じる。また、手を挙げようと意志することによって、脳にある活動が生じ、それによって手が挙がる。しかし、バナナの知覚が物理的なものでないとすれば、それはどのようにして脳の活動から生じるのだろうか。また、手を挙げようという意志が物理的なものでないとすると、それはどのようにして脳の活動を引き起こすのだろうか。心と物が別なら、それらのあいだにどのようにして相互作用が起こるのかが理解しがたくなる。

超能力

この点は、超能力のことを考えてみれば、納得しやすいだろう。心と物が相互作用するとしても、心は直接的には、脳としか相互作用しない。机を動かそうと意志しても、それによって直接、机が動くわけではない。まず、脳にしかるべき活動が生じ、それによって手が動き、その手の動きによって、机が動くのである。なぜ心は脳としか直接、相互作用しないのだろうか。脳も物理的な事物のひとつである。心が脳と直接、相互作用するなら、他の物理的な事物とも直接、相互作用してもよさそうなものである。

机を動かそうと意志することによって直接、机が動くとすれば、それはいわゆる念力であり、超能力である。しかし、心と脳の相互作用も、心と物のあいだの直接的な相互作用であるという点では、そのような超能力と何ら変わらない。机を動かそうという意志によって直接、机を動かすといった超能力が認めがたいとすれば、心と脳のあいだの直接的な相互作用も、じつは認めがたいはずである。心と物が別だとすれば、それも一種の超能力なのである。

因果的閉鎖性

さらに、心と物が別だとすると、それらのあいだの相互作用が認めにくくなるもうひとつの事情がある。それは物の世界の因果的閉鎖性である。

自然科学の成果によれば、どうやら物の世界は因果的に閉じているようである。物理的な出来事はつねに物理的な出来事によって起こり、物理的な出来事を引き起こす。物理的な出来事が物理的でない出来事から起こることはないし、物理的でない出来事を引き起こすこともない。物の世界がこのように因果的に閉じているなら、心が物に因果的な影響を及ぼすことは不可能である。心と物が別であるかぎり、それは不可能なのである。

哲学的ゾンビ

心と物のあいだの相互作用が認めがたいとすれば、それらのあいだには相互作用ではなく、たんなる相関関係があるにすぎないと考えればどうであろうか。脳がある活動を起こすと、バナナが見える。これは、脳の活動によってバナナの知覚が引き起こされたということではなく、たまたま両者が相伴って生じたということにすぎない。脳の活動とバナナの知覚はたまたま相関しているだけで、一方が他方を因果的に引き起こすわけではない。また、手を挙げようと意志して手が挙がる場合も、意志が脳のある活動を因果的に引き起こすのではなく、意志と脳の活動がたまたま相関しているにすぎない。

心と脳の関係を因果関係ではなく、相関関係だと考えれば、たしかに因果関係にまつわる困難は解消されるが、別の困難がもちあがる。心の働きと脳の活動がたまたま相関しているにすぎないとすると、脳の活動が同じでも、心の働きが生じないことが原理的には可能である。たとえば、太郎の脳がいま、ある活動をしており、彼の心にはバナナの知覚が生じているとしよう。彼の意識にはバナナがまざまざと立ち現れている。しかし、ここに太郎とそっくりで、太郎とまったく同じ脳活動をしていながら、その人の心にはバナナの知覚が生じていない人がいたとしよう。彼の意識にはバナナが立ち現れていない。それどころか何も立ち現れていない。つまり、彼には意識が欠けているのである。

意識のある人と物理的には同じあり方をしながら、意識をまったく欠く人を「哲学的ゾンビ」とよぶ。心と脳の関係がたんなる相関関係だとすると、このような哲学的ゾンビが原理的には可能なはずである。しかし、本当にそのようなものが可能なのだろうか。哲学的ゾンビが可能なほど、意識は物の世界から切り離された存在なのだろうか。それはまるで根無し草のように宙に浮いた存在なのだろうか。意識はもっと物の世界と深く絡み合った存在のように思われる。

物的一元論

心は物とは別だという一見、自然にみえる二元論的な考えにも、このように深刻な困難がある。しかし、心を物の世界に位置づけることも、きわめて困難なのであった。だが、そうとはいえ、心もまた物の世界に属するにちがいないと思わせるような事実もある。

たとえば、人間の個体発生を考えてみよう。精子と卵子が結合して受精卵となり、それが分裂を繰り返して、赤ちゃんとなり、さらにそれが成長して、大人となる。この過程のどこかで心が発生する。けれども、この心の発生は、その過程のどこかでいわば「心の息吹」が吹き込まれるような超自然的な出来事であるように思えない。受精卵から成人にいたる過程は、物質が次第に複雑な組織を形成していく純粋に物理的な過程であるようにみえる。そうだとすれば、心もまた、物質のある複雑な組織にほかならないように思われるのである。

系統発生を考えても、同様である。無機的な物質から生物が誕生し、生物から心をもつ人間が誕生する過程も、物質が次第に複雑な組織を形成していく純粋に物理的な過程であるようにみえる。そうだとすれば、心は何らかの仕方で物にほかならないはずである。

コウモリであるとはどのようなことか

心は物にほかならないという物的な一元論の見方をとろうとするときに、最も大きな障害となるのが意識の問題である。すでに見たように、意識への現れを物の世界に位置づけることは困難であり、それが二元論への誘因ともなっていた。もしそのような位置づけが可能だとすれば、それはいったいどのようにして可能なのだろうか。

意識への現れはとうてい脳の活動であるようにはみえないが、そのひとつの根本的な理由は、脳の活動が客観的であるのにたいし、意識への現れは主観的だという点である。

哲学者トマス・ネーゲルは「コウモリであるとはどのようなことか」という問いによって、意識の主観性を巧妙に描き出した。私たちは、貧乏な生活をしたことがあれば、貧乏であることがどのようなことかがよく分かる。貧乏であることがどんな感じであり、それがどのようにつらく、苦しいことなのかが分かる。しかし、貧乏な生活をしたことがなければ、貧乏であることがどのようなことかがよく分からない。貧乏であれば、必要なものを買うのにも不自由し、借金取りに追い立てられたりもするということは分かるが、それがどのような感じなのか、どんなふうにつらく、苦しいことなのかは分からない。つまり、貧乏であることの意識的な側面がどのようなものかが分からないのである。

貧乏であることがどのようなことかは、みずから経験してみなければ、分からない。コウモリであることがどのようなことかもそうである。コウモリは私たちとちがって、みずから音を発して、その音が洞穴の壁に反射して返ってきたのを聴取して、洞穴の様子を知覚する。このような音響定位法によって世界を知覚するとき、世界はコウモリの意識にどのように立ち現れるのだろうか。コウモリであるということ、つまり音響定位法によって世界を知覚するということは、どのようなことであろうか。私たちがコウモリでない以上、つまりコウモリのような音響定位法で世界を知覚した経験がない以上、それは私たちには分からないのである。

コウモリであることがどのようなことか(つまりコウモリにおける意識への現れ)は、みずからそれを経験しなければ、分からない。その意味で、それは主観的である。これにたいして、脳の活動は客観的である。脳がどのような活動をしているかは、自分の脳がそのような活動をしたことがなくても、理解できる。コウモリの脳の活動は、私たちのそれと大きく異なるだろうが、それでもその脳がどんな活動をしているかは私たちにも理解できる。

意識への現れが主観的であるのにたいし、脳の活動は客観的である。主観的なものがいったいいかにして客観的なものと同じでありうるのだろうか。脳の活動がいくら分かっても、それによって、意識への現れが分かるようになるわけではない。たとえ物的一元論が正しいとしても、意識への現れがいったいいかにして脳の活動でありうるかという説明が欠けている。物的一元論にはまだ、哲学者ジョセフ・レヴァインのいう「説明ギャップ」があるのである。

意識のハード・プロブレム

意識には、現れと機能というふたつの側面がある。バナナが見えるという知覚経験には、バナナが意識に現れるという側面と、バナナがあるという信念を生み出したり、バナナを手に取る行動を導いたりする機能的な側面がある。このふたつの側面を区別することによって、意識の問題の核心が意識への現れの側面にあることを明らかにしたのが、哲学者デイビッド・チャーマーズである。

意識的な経験がどのような機能をもつかということについては、脳の活動を研究することによって、私たちはいくらでも詳しく知ることができる。たとえば、痛みの経験が脳のどの部位の活動に対応し、その部位が感覚器官や脳の他の部位、および運動器官とどのように相互作用するかを明らかにすることにより、痛みの経験がどんな刺激によって引き起こされ、どんな他の心の状態や、表情、身体の動きを引き起こすかが分かる。コウモリの知覚経験でも、その機能については、コウモリの脳の活動を調べることによって、いくらでも詳しく知ることができる。

それにたいして、意識への現れについては、脳の活動を調べることによっては、それを明らかにすることはできないように思われる。少なくとも、機能を解明するのと同じ仕方で解明することはできないし、また、現時点では、どのようにすれば、脳の活動から意識への現れを解明できるのか、まったく見当もつかない。

チャーマーズは、意識的経験の機能については、どうすればそれが解明できるかが原理的には明らかだという意味で、機能の問題を「イージー・プロブレム」とよび、それにたいして、意識への現れについては、どうすれば解明できるかが原理的にすらまだ分かっていないという意味で、それを「ハード・プロブレム」とよぶ。ハード・プロブレムの解決には、脳の研究だけではなく、意識と脳の関係にかんする哲学的な考察が必要なのである。

意識の科学

個体発生や系統発生からすると、意識もまた何らかの仕方で物の世界に属するはずだと思われる。しかし、意識への現れが脳の活動にほかならないことがこれほどまでに理解しがたいことを考えると、ひょっとしたら、私たちは意識への現れについて何か根本的に誤解しているのかもしれない。そのような疑念が湧いてくる。意識にかんする科学的研究の成果によれば、私たちの常識的な意識概念はどうやら根本的に誤っているようなのである。

たとえば、私たちは、眼を開くと、真正面だけではなく、周辺の部分も同じように明瞭に見えていると思っている。つまり、視野の中心だけではなく、その周辺の部分も、同じくらい明瞭に意識に現れていると考えている。しかし、じっさいにはそうではない。視野の中心部分では、たとえばバナナの色や形、肌理などが詳細に見えているが、視野の周辺部分では、漠然と何かがあるといった程度にしか見えておらず、それがバナナなのか、リンゴなのかというようなことは見えていない。視野の周辺も、中心と同じくらい明瞭に見えていると私たちが思うのは、いつでもすぐに周辺に視線を向けて、そこを詳細に見ることができるからである。

このほかにも、各瞬間において意識に現れるものとそうではないもののあいだに明確な区別があるといった考えも、科学的な研究によれば、どうやら誤りらしい。本書には、常識的な意識概念に疑問を投げかける科学的な成果が数多く紹介されている。

意識がじつは私たちが通常、考えているようなものでないとすれば、私たちが通常、考えている意識を物の世界に位置づける必要はなくなる。そのような意識は本当は存在しないからである。私たちが行うべきことは、意識が本当はどのようなものかを正確に理解することである。そうすれば、それを物の世界に位置づけることは、おそらくたやすいことであろう。

私たちにとって、意識ほど明白に存在すると思われるものはない。目の前に見えるバナナがじつは幻覚であり、じっさいには存在しないとしても、バナナが意識に現れていることは、否定しようもないと思われる。しかし、このように明白に存在すると思われる意識が本当は存在しないかもしれないのである。意識は、私たちが通常、考えているようなものとしては、おそらく存在しないのではないか。本書は、この驚くべき結論へといたるスリリングな旅を十分、堪能させてくれる魅力的な書である。

＊

最後に、本書の翻訳の作業について一言、述べておきたい。まず、一章、三章、四章、六章の訳稿を西堤優が作成し、また二章、五章、七章、八章の訳稿を筒井晴香が作成した。これらの訳稿にたいして信原幸弘がコメントを加え、それにもとづいてそれぞれの訳稿の作成者が書き直すという作業を何度か繰り返して、完成稿へと仕上げていった。また、岩波書店の押田連さんも、訳稿をたいへん丁寧に読んで、非常に貴重なコメントを寄せてくれた。心からお礼を申し上げたい。本書を通じて、意識の問題にまつわる不思議な魅力が一人でも多くの方に伝われば幸いである。

〈1冊でわかる〉シリーズ

この1冊から始めよう！ コンパクトサイズの入門書 Very Short Introductions 日本版

〈最新刊〉

ローマ帝国 クリストファー・ケリー／藤井崇訳 南川高志解説

意識 スーザン・ブラックモア／信原幸弘、筒井晴香、西堤優訳 信原幸弘解説

〈既刊〉

- カフカ ロバートソン／明星聖子訳・解説
- 文学理論 カラー／荒木映子、富山太佳夫訳 富山太佳夫解説
- ポスト構造主義 C・ベルジー／折島正司訳・解説
- フーコー ガッティング／井原健一郎訳 神崎繁解説
- ハーバーマス フィンリースン／村岡晋一訳 木前利秋解説
- 古代哲学 アナス／瀬口昌久訳 内山勝利解説
- ヨーロッパ大陸の哲学 クリッチリー／佐藤透訳 野家啓一解説
- 論理学 プリースト／菅沼聡訳 清水哲郎解説
- 科学哲学 オカーシャ／廣瀬覚訳 直江清隆解説
- 政治哲学 ミラー／山岡龍一、森達也訳 山岡龍一解説
- デモクラシー クリック／添谷育志、金田耕一訳・解説
- 歴史 アーノルド／新広記訳 福井憲彦解説
- 古代エジプト ショー／近藤二郎、河合望訳 近藤二郎解説
- ギリシャ・ローマの戦争 サイドボトム／吉村忠典、澤田典子訳 澤田典子解説
- 帝国 S・ハウ／見市雅俊訳・解説
- ポストコロニアリズム ヤング／本橋哲也訳 本橋哲也、成田龍一解説
- ファンダメンタリズム リズン／中村圭志訳 島薗進解説
- ユダヤ教 N・ソロモン／山我哲雄訳・解説
- イスラーム リズン／菊地達也訳 山内昌之解説
- コーラン クック／大川玲子訳 牧野信也解説
- 心理学 バトラー、マクマナス／山中康裕訳・解説
- 脳 M・オーシェイ／山下博志訳・解説
- 感情 エヴァンズ／遠藤利彦訳・解説
- 知能 ディアリ／繁桝算男訳 松原達哉解説
- 進化 B・チャールズワース他／石川統訳・解説
- 動物の権利 ドゥグラツィア／戸田清訳・解説
- 薬 アイヴァーセン／廣中直行訳 鍋島俊隆解説
- 暗号理論 パイパー、マーフィ／太田和夫、國廣昇訳 太田和夫解説
- 数学 ガウアーズ／青木薫訳 上野健爾解説
- 建築 バランタイン／西川健誠訳 鈴木博之解説
- 美術史 D・アーノルド／鈴木杜幾子訳・解説
- 狂気 ポーター／田中裕介、鈴木瑞実、内藤あかね訳 鈴木瑞実解説
- 医療倫理 ホープ／児玉聡、赤林朗訳・解説
- 経済学 ダスグプタ／植田和弘、山口臨太郎訳・解説、中村裕子訳

2010年2月現在

スーザン・ブラックモア(Susan Blackmore)
1951年生．心理学者，サイエンスライター．最近作に *Ten Zen Questions* 2009(Oneworld Publications)や *Conversations on Consciousness* 2005, *Consciousness: An Introduction* 2003(いずれもOUP)などがある．

信原幸弘
1954年生．心の哲学．現在，東京大学大学院総合文化研究科教授．著書に，『意識の哲学——クオリア序説』(岩波書店，2002)，『心の現代哲学』(勁草書房，1999)ほか．

筒井晴香
東京大学大学院総合文化研究科博士課程在籍・日本学術振興会特別研究員(DC1)．

西堤 優
東京大学大学院総合文化研究科博士課程在籍．

1冊でわかる 意識 スーザン・ブラックモア

2010年2月18日 第1刷発行

訳 者 信原幸弘《のぶはらゆきひろ》 筒井晴香《つついはるか》 西堤《にしつつみ》 優《ゆう》

発行者 山口昭男

発行所 株式会社 岩波書店
〒101-8002 東京都千代田区一ツ橋2-5-5
電話案内 03-5210-4000
http://www.iwanami.co.jp/

印刷製本・法令印刷

ISBN 978-4-00-026901-8 Printed in Japan

読書案内

全般

本書で扱った話題はすべて，S. J. Blackmore, *Consciousness: An Introduction* (London: Hodder & Stoughton; New York: Oxford University Press, 2003)においてさらに詳しく論じられており，課題，実例，広範な参考文献が付されている．

哲学的アプローチでは，D. C. Dennett, *Consciousness Explained* (Boston, MA, and London: Little, Brown and Co., 1991)〔D. C. デネット『解明される意識』山口泰司訳，青土社，1998年〕が深くて魅力的だ．これに対立する見解としては，D. Chalmers, *The Conscious Mind* (Oxford: Oxford University Press, 1996)〔D. J. チャーマーズ『意識する心——脳と精神の根本理論を求めて』林一訳，白揚社，2001年〕や，J. Searle, *The Mystery of Consciousness* (London and New York: Granta Books, 1998)がある．

心理学と脳神経科学では，F. Crick, *The Astonishing Hypothesis* (New York: Scribner's, 1994)(強い還元主義的見解)や，G. M. Edelman and G. Tononi, *Consciousness: How Matter Becomes Imagination* (London: Penguin, 2000)を読んでほしい．A. Zeman, *Consciousness: A User's Guide* (New Haven, CT: Yale University Press, 2002)は良い概論である．

ウィリアム・ジェームズの2巻本の古典は，*The Principles of Psychology* (London: MacMillan, 1890)〔抄訳，W. ジェームズ『心理学』上・下，今田寛訳，岩波文庫，1992/93年〕である．ちょっと楽しく読める本としては，D. R. Hofstadter and D. C. Dennett (eds.), *The Mind's I: Fantasies and Reflections on Self and Soul* (London: Penguin, 1981)〔D. R. ホフスタッター／D. C. デネット編『マインズ・アイ——コンピュータ時代の「心」と「私」』上・下(新装版)，坂本百大監訳，TBSブリタニカ，1992年〕を読んでほしい．

雑誌

おもな紙媒体の雑誌として，*Journal of Consciousness Studies* と *Consciousness and Cognition* の2誌がある．

ウェブ

Journal of Consciousness Studies online, http://www.imprint.co.uk/jcs.html
ウェブ上の意識にかんする論文は，多くの古典的および現代の論文のすばらしい宝庫であり，すべて全文，David Chalmers, http://www.u.arizona.edu/~chalmers/online.html から入手できる．
電子ジャーナル Psyche, http://psyche.cs.monash.edu.au/〔リンク切れ〕
電子ジャーナル Science and Consciousness Review, http://www.sci-con.org/links.html
著者のウェブサイトは，http://www.susanblackmore.co.uk/ で，他へのリンクとオンライン記事がある．

第1章

ハード・プロブレム関連では，J. Shear (ed.), *Explaining Consciousness: The 'Hard Problem'* (Cambridge, MA: MIT Press, 1997), pp. 9-30 を，一般的な心の哲学では，D. Chalmers (ed.), *Philosophy of Mind: Classical and Contemporary Readings* (Oxford: Oxford University Press, 2002) を参照してほしい．ネーゲルのコウモリについての原論文は，'What is it like to be a bat?', *Philosophical Review* (1974), 83: 435-450〔T. ネーゲル『コウモリであるとはどのようなことか』永井均訳，勁草書房，1989 年，258-282 ページ，所収〕である．この論文は，チャーマーズの編集本にも含まれており，何度も再録されている．チャーマーズの編集本には，ネッド・ブロックの意識の概念にかんする論文や，デネットのクオリアにかんする論文も収められている．

ゾンビについては，以下の本で論じられている．D. Chalmers, *The Conscious Mind*〔前掲『意識する心——脳と精神の根本理論を求めて』〕, D. C. Dennett, *Consciousness Explained*〔前掲『解明される意識』〕．ゾンビの特集号が，*Journal of Consciousness Studies*, vol. 2, part 4 (1995) で組まれている．

第2章

NCCs 関連では，T. Metzinger (ed.), *Neural Correlates of Consciousness* (Cambridge, MA: MIT Press, 2000) を参照してほしい．脳損傷や盲視の話題を含む神経心理学の本では，以下をお勧めする．A. Damasio, *The Feeling of What Happens: Body, Emotion and the Making of Consciousness* (London: Heinemann, 1999)〔A. R. ダマシオ『無意識の脳 自己意識の脳』田中三彦訳，講談社，2003 年〕, A. D. Milner and M. A. Goodale, *The Visual*

Brain in Action（Oxford: Oxford University Press, 1995），V. S. Ramachandran and S. Blakeslee, *Phantoms in the Brain*（London: Fourth Estate, 1998）〔V. S. ラマチャンドラン／S. ブレイクスリー『脳のなかの幽霊』（角川 21 世紀叢書），山下篤子訳，角川書店，1999 年〕，L. Weiskrantz, *Consciousness Lost and Found*（Oxford: Oxford University Press, 1997）．共感覚については，R. E. Cytowic, *The Man Who Tasted Shapes*（New York: Putnams, 1993）〔R. E. シトーウィック『共感覚者の驚くべき日常――形を味わう人，色を聴く人』山下篤子訳，草思社，2002 年〕を参照してほしい．

第 3 章

リベットの遅延は，意識についての一般書のほとんどで論じられている．たとえば，すでに上記で紹介した本や，J. McCrone, *Going Inside*（London: Faber & Faber, 1999），リベット自身の著作である B. Libet, *Mind Time: The Temporal Factor in Consciousness*（Cambridge, MA, and London: Harvard University Press, 2004）〔B. リベット『マインド・タイム』下條信輔訳，岩波書店，2005 年〕がある．タイミングや皮膚上のウサギ，その他の実験にかんする批判的な議論は，D. C. Dennett, *Consciousness Explained*〔前掲『解明される意識』〕に見られる．

この章で登場した多くの理論については，以下の本を参照してほしい．とりわけグローバル・ワークスペース理論やそれを裏づける証拠は，B. J. Baars, *A Cognitive Theory of Consciousness*（Cambridge: Cambridge University Press, 1988）に記述されている．それ以外にも，G. M. Edelman, *Wider than the Sky: The Phenomenal Gift of Consciousness*（London: Allen Lane, 2004）〔G. M. エーデルマン『脳は空より広いか――「私」という現象を考える』冬樹純子訳，草思社，2006 年〕，R. Penrose, *Shadows of the Mind*（Oxford: Oxford University Press, 1994）〔R. ペンローズ『心の影――意識をめぐる未知の科学を探る』1・2，林一訳，みすず書房，2001/02 年〕，K. R. Popper and C. Eccles, *The Self and its Brain*（New York: Springer, 1977）〔K. R. ポパー／J. C. エクルズ『自我と脳』（新装版），大村裕ほか訳，新思索社，2005 年〕を参照してほしい．

第 4 章

A. Damasio, *Descartes' Error: Emotion, Reason and the Human Brain*（New York: Putnams, 1994）〔A. R. ダマシオ『生存する脳――心と脳と身体の神秘』田中三彦訳，講談社，2000 年〕．無意識な処理過程の力については，

G. Claxton, *Hare Brain, Tortoise Mind: Why Intelligence Increases When You Think Less*(London: Fourth Estate, 1997)を参照してほしい．充塡にかんしては，D. C. Dennett, *Consciousness Explained*〔前掲『解明される意識』〕や V. S. Ramachandran and S. Blakeslee, *Phantoms in the Brain*〔前掲『脳のなかの幽霊』〕を参照してほしい．

変化盲や壮大な錯覚理論は，A. Noë(ed.), *Is the Visual World a Grand Illusion?*, a special issue of *the Journal of Consciousness Studies*(2002), 9(5-6)で論じられており，そして Imprint Academic of Thorverton, Devon によって 1 冊の本として再版されている．さらに，A. Mack and I. Rock, *Inattentional Blindness*(Cambridge, MA: MIT Press, 1998)も読んでほしい．錯覚の実験は，http://viscog.beckman.uiuc.edu/djs_lab/demos.html と http://www.psych.ubc.ca/~rensink/flicker/download/〔リンク切れ〕で見られる．

第 5 章

自我理論と束理論，そして遠距離移動装置の思考実験にかんする簡単な紹介は，D. Parfit, ‘Divided minds and the nature of persons’, in C. Blakemore and S. Greenfield(eds), *Mindwaves*(Oxford: Blackwell, 1987), pp. 19-26 にある．*Journal of Consciousness Studies* の特別号では，自我をめぐって対立し合うさまざまな意見が発表されたが，この内容は S. Gallagher and J. Shear (eds), *Models of the Self*(Thorverton, Devon: Imprint Academic, 1999)に掲載されている．

仏教の良い入門書はつぎの 2 冊だ．S. Batchelor, *Buddhism Without Beliefs: A Contemporary Guide to Awakening*(London: Bloomsbury, 1997), W. Rahula, *What the Buddha Taught*(London: Gordon Fraser; New York: Grove Press, 1959)．

分離脳の症例は M. S. Gazzaniga, *Nature's Mind*(London: Basic Books, 1992)で，解離の症例は E. R. Hilgard, *Divided Consciousness: Multiple Controls in Human Thought and Action*(New York: Wiley, 1986)で描き出されている．

W. James, *The Principles of Psychology*〔前掲『心理学』〕には，古い症例とジェームズ自身の意識の理論が書かれている．

第 6 章

リベットの実験にかんする論争については，B. Libet, ‘Unconscious cerebral initiative and the role of conscious will in voluntary action’, *The Behavioral and Brain Sciences*(1985), 8: 529-539 と，同じ号の 539-566 ページお

よび第 10 号の 318-321 ページを見てほしい．リベットの実験は多方面で議論されており，最も批判的なものは，D. C. Dennett, *Consciousness Explained*〔前掲『解明される意識』〕にある．
最初のテーブル傾斜現象は，M. Faraday, ‘Experimental investigations of table moving’, *The Athenaeum*(1853), N°1340: 801-803 に記述されている．さらに詳しい事例やウェグナーの理論については，D. M. Wegner, *The Illusion of Conscious Will*(Cambridge, MA: MIT Press, 2002)を参照してほしい．

第 7 章

この章で取り上げられた話題の概論が以下に見られる．J. A. Hobson, *Dreaming: An Introduction to the Science of Sleep*(New York: Oxford University Press, 2002)〔A. ホブソン『夢の科学――そのとき脳は何をしているのか？』冬樹純子訳，講談社ブルーバックス，2003 年〕，M. Jay(ed.), *Artificial Paradises: A Drugs Reader*(London: Penguin, 1999), R. M. Julien, *A Primer of Drug Action: A Concise, Nontechnical Guide to the Actions, Uses, and Side Effects of Psychoactive Drugs*, revised edn. (New York: Henry Holt, 2001), M. Earleywine, *Understanding Marijuana: A New Look at the Scientific Evidence*(New York: Oxford University Press, 2002).
体外離脱経験と臨死体験については，S. J. Blackmore, *Dying to Live: Science and the Near Death Experience*(London: Grafton, 1993)〔S. ブラックモア『生と死の境界――「臨死体験」を科学する』由布翔子訳，読売新聞社，1996 年〕と H. J. Irwin, *Flight of Mind: A Psychological Study of the Out-of-Body Experience*(Metuchen, NJ: Scarecrow Press, 1985)を参照してほしい．
瞑想の実践的なガイドブックとしては，M. Batchelor, *Meditation for Life* (London: Frances Lincoln, 2001)を，瞑想研究では M. A. West(ed.), *The Psychology of Meditation*(Oxford: Clarendon Press, 1987)〔M. A. ウェスト編『瞑想の心理学――その基礎と臨床』春木豊ほか監訳，川島書店，1991 年〕を参照してほしい．

第 8 章

意識の進化は，意識についての概論的な本のほとんどで取り上げられているが，以下も併せて参照してほしい．N. Humphrey, *A History of the Mind* (London: Chatto & Windus, 1992), N. Humphrey, *The Mind Made Flesh: Frontiers of Psychology and Evolution*(Oxford: Oxford University Press, 2002)〔N. ハンフリー『喪失と獲得』垂水雄二訳，紀伊國屋書店，2004 年〕，

E. M. Macphail, *The Evolution of Consciousness*(Oxford: Oxford University Press, 1998).

動物の心にかんする研究のレヴューとして，M. D. Hauser, *Wild Minds: What Animals Really Think*(New York: Henry Holt and Co.; London: Penguin, 2000)がある．

ミームについては，R. A. Aunger(ed.), *Darwinizing Culture: The Status of Memetics as a Science*(Oxford: Oxford University Press, 2000)〔R. アンジェ編『ダーウィン文化論――科学としてのミーム』佐倉統ほか訳，産業図書，2004年〕と，S. J. Blackmore, *The Meme Machine*(Oxford: Oxford University Press, 1999)〔S. ブラックモア『ミーム・マシーンとしての私』上・下，垂水雄二訳，草思社，2000年〕を参照してほしい．

以下に，読書案内で掲げられた文献以外に，日本語で読めるものをいくらか補記しておく(訳者)．

全般

苧阪直行編著『意識の科学は可能か』新曜社，2002年

信原幸弘『考える脳・考えない脳』講談社現代新書，2000年

信原幸弘『意識の哲学――クオリア序説』(双書現代の哲学)岩波書店，2002年

第1章

(一般的な心の哲学)

金杉武司『心の哲学入門』勁草書房，2007年

第2章

(NCCs関連)

C. コッホ『意識の探求――神経科学からのアプローチ』上・下，土谷尚嗣・金井良太訳，岩波書店，2006年

第3章

(グローバル・ワークスペース理論)

苧阪直行編著『意識の認知科学――心の神経基盤』(日本認知科学会編「認知科学の探究」)共立出版，2000年

第4章
（無意識な過程）
下條信輔『サブリミナル・マインド――潜在的人間観のゆくえ』中公新書，1996年
（錯覚）
下條信輔『「意識」とは何だろうか――脳の来歴，知覚の錯誤』講談社現代新書，1999年
イリュージョンフォーラム　http://www.brl.ntt.co.jp/IllusionForum/index.html
北岡明佳の錯視のページ　http://www.psy.ritsumei.ac.jp/~akitaoka/

第5章
（遠距離移動装置の思考実験の紹介）
柴田正良『ロボットの心――7つの哲学物語』講談社現代新書，2001年
（分離脳の症例）
下條信輔『サブリミナル・マインド――潜在的人間観のゆくえ』中公新書，1996年

第6章
（意志的な意志の背後にはたらいている潜在認知については）
下條信輔『サブリミナル・インパクト――情動と潜在認知の現代』ちくま新書，2008年

第8章
（動物の心にかんする研究のレヴュー）
藤田和生『動物たちのゆたかな心』（学術選書　心の宇宙④）京都大学学術出版会，2007年

図版一覧